구약성서 입문

조금 알거나
거의 알지 못하는 사람을
위하여

구약성서 입문

조금 알거나 거의 알지 못하는
사람을 위하여

장 루이 스카 지음
박요한 영식 옮김

성서와함께

차 례

I 왜 성경을 읽지 않는가? ·· 9

II 구약성경은 무엇인가? ·· 23
1. 이스라엘 '국립도서관' ·· 24
2. 이스라엘 국립도서관의 기원 ·· 26
3. 이스라엘 정체성의 중심축인 모세의 율법서 ·························· 29
4. 이스라엘 국립도서관의 거대한 책장들 ································ 33

III 이스라엘의 헌법인 오경 ·· 39
1. 머리글 ·· 40
1) 이스라엘은 어떻게 세워지는가? ·· 41
2) 헌법과 문서 ·· 43
3) 오경 저자들의 익명성 ·· 44
2. 하나로 합치기 위하여 이야기하다 ·· 46
1) 왜 아브라함이 이스라엘의 조상인가? ·· 47
2) 이스라엘 신앙의 토대인 아브라함 ·· 50
3) 아브라함, 이스라엘이라는 존재의 패러다임 ································ 51
4) 이사악과 땅에 대한 법 ·· 55
5) 야곱과 귀환 약속 ·· 56
6) 요셉, 창세기의 '미국인' ·· 59

3. 이집트 탈출과 이스라엘의 '독립선언' ·· 62
  1) 이스라엘의 토대가 되는 경험 ·· 62
  2) 광야에서 체류하는 것인가, 오랜 기다림의 시험인가? ········· 66
  3) 우리는 '우리의' 율법을 가지고 있다! ······························ 70
  4) 민법民法인가, 신법神法인가? ······································· 72
  5) 법은 왜 광야에서 선포되는가? ·································· 74
4. 예언자 모세 ·· 76
5. 기원 이야기: '우리' 하느님과 우주의 창조주(창세 1-11장) ········· 80
6. 다섯 권으로 나눈 것을 어떻게 설명할 것인가? ······················ 86
7. 오경의 원천들 ··· 91

IV 역사서(전기 예언서)와 반대 목소리 ·································· 95

1. 역사서(여호수아기, 판관기, 사무엘기 상·하권, 열왕기 상·하권)
   : '구성된 역사' ··· 96
2. 여호수아: 라삐인가, 정복자인가? ·· 101
3. 판관기: 종교인가, 잘못된 정치인가? ···································· 105
4. 사무엘기: 왕정인가, 예언인가? ·· 110
5. 열왕기: 예고된 재난의 연대기 ·· 117
6. 이스라엘 국립도서관의 '전기 예언서들' ································ 127

V 예언자: 당대의 문필가, 기자, 편집자, 그리고 여론 형성가 ········ 131

1. '저술' 예언자들과 그 시기 공공 생활의 주역들 ············ 133
2. '저술' 예언자들과 신아시리아와 신바빌로니아의 침공 ····· 139
3. 예언자들과 국민의 결속 옹호 ···················· 150
4. 이스라엘 국립도서관에 형성된 예언 부분 ··············· 161

VI 지혜서들과 이스라엘의 '정신적 지도자들' ················ 171

1. 잠언: 지혜의 '간식' ·························· 174
2. 욥기: 인내의 모델인가, 프로메테우스인가? ············· 176
3. 코헬렛: 성경의 디오게네스 ······················ 181
4. 집회서: 시라의 건전한 식견의 철학 ················· 184
5. 지혜서: 알렉산드리아의 수사학자가 설교한 성경 메시지 ····· 187

VII 이스라엘 국립도서관의 마지막 책장 ···················· 193

1. 시편, 이스라엘 찬양가들의 책 ···················· 194
   1) 신앙인의 감정과 삶의 순간들을 표현한 시편 ··········· 196
   2) 시편집의 서문인 시편 1편 ···················· 200
   3) 시편 1편과 이스라엘 종교의 다양한 형태 ············ 201

  2. 애가 ··· 204
  3. 바룩서와 예레미야의 편지 ································· 209
  4. 이스라엘 역사에 대한 몇 가지 추가 자료 ··········· 211
   1) 역대기와 예루살렘의 전례 공동체 ················· 211
   2) 에즈라-느헤미야기, 그리고 성전과 회당 ········ 217
    에즈라-느헤미야기와 역대기 ·························· 217
    에즈라-느헤미야기와 '토라'(법과 가르침)의 책 ······ 220
    에즈라-느헤미야기와 역사 ······························ 222
   3) 마카베오기와 이스라엘의 '저항' 영웅들 ·········· 225
    헬레니즘 세계에 직면한 히브리 세계 ·············· 225
    역사적·문학적 문제들 ····································· 229
    마카베오기 하권의 신학 ··································· 232
  5. 이스라엘 도서관의 '단편소설들' ···························· 234
  6. 초현실적 책인 다니엘서 ··· 239
  7. 아가와 이스라엘의 연애시 ······································ 242

마치며 ·· 246

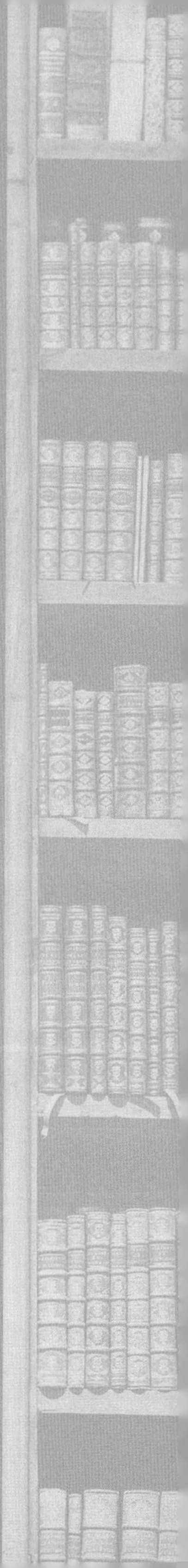

I

왜
성경을 읽지
않는가?

움베르토 에코에 따르면, 성경은 "읽지 않는 명서들"(Great Unread Books) 가운데 하나에 해당한다. 물론 그의 말이 틀리지 않다. 그래서 성경이 그처럼 널리 읽히지 않는 이유가 무엇인지 궁금할 수밖에 없다. 이유가 많을 것이다. 그 이유들 가운데 하나는 - 그러나 이것만으로는 모든 것을 다 설명할 수 없다 - 오랫동안, 특히 종교개혁 이후에 가톨릭 교회 권위자들이 성경 읽기를 권장하지 않았다는 것이다. 종교개혁의 표어는 잘 알려진 것처럼 "성경만으로"(sola Scriptura)이다. 가톨릭 교계의 반응은 잘 알려져 있는 그대로이다. 그러나 특히 제2차 바티칸 공의회 이후에 사정이 달라졌다. 그럼에도 불구하고 개혁은 더디며, 가톨릭 세계에서 진정한 '성경 문화'에 대해 말하기에 앞서 걸어야 할 길은 아직 멀다.

무엇이 문제인가? 내 생각에는 두 가지 문제가 있다. 첫째, 우리는 성경을 읽을 때 기껏해야 '선집'이라 부르고 싶은 형태를 읽는다. 방법은 단순하다. 즉, 여건에 따라 또는 일이 벌어질 때마다 개인이나 단체가 그 순간의 필요에 더 잘 맞는 단락을 선택하는 것이다. 성경을 읽지 않고, 오로지 '선택된 단락들'만 읽는다. 문제는 선택된 단락이 이미 정해진 기능을 가지고 있다는 것이다. 선택된 단락은 그 단락을 선택한 개인이나 단체가 제기한 질문에 응답해야만 한다. 질문에 대한 답을 얻으면, 더 이상 다른 어떤 것을 요구하지 않는다. 이는 기능적 또는 실용적 독서이며 성경 본문에서 유익한 것들을 찾아내는 독서이다. '선집적 독서'를 '문맥적 독서'로 보완하는 것이 옳다. 원칙은 단순하다. 어떤 동기에서든 하나의 본문을 선택할 때, 그 본문을 그것이 속한 문맥에 다시 배치하여 읽는 것이다. 첫 번째 방식은 그 본문의 앞 부분과 뒷 부분을 읽는 것인데, 특히 선택된 본문이 매우 짧고 한 구절이나 두 구절로 되어 있을 때에 그렇게 읽는 것이 좋다. 그다음에는 장 전체에 관심을 가질 필요가 있다. 그리고 나서 본문을 포함하고 있는 책 전체에 관심을 가질 필요가 있다. 끝으로, 대형 출판사에서 출판된 현대어로 번역된 성경의 각주와 서론을 읽을 수 있다(《이탈리아 주교회의 공인 성경》(CEI), 《예루살렘 성경》(*Bibbia di Gerusalemme*), 《공동번역 성경》(*Traduzione ecumenica della Bibbia*), 《길, 진리와 생명인 성경》(*Bibbia Via Verita e Vita*); 역주 – 한국의 경우 《주석 성경》(한국천주교중앙협의회, 2010) 등).

두 번째 문제는 더욱 심각하다. 성경은 현대의 독자들이 접근하기가 쉽지 않은 언어 때문에 어려운 책으로 여겨진다. 이것은 성경에만 해당하는 문제가 아니다. 호메로스의 《일리아스》나 《오디세이아》, 베르길리우스의 《아이네이스》 또는 오비디우스의 《변신이야기》에 대해서도 똑같이 말할 수 있다. 단테의 《신곡》처럼 우리에게 더욱 가까운 작품도 필요한 설명이나 주해 없이 읽기에는 어려운 책이다. 이런 이유 때문에 고대의 본문으로 나아가는 험한 길을 설명하기 위하여 필요한 도구들을 제공하는 책이 많이 나와 있다. 여하튼 성경 본문들이 완전히 신비적이며 난해한 것은 아니다. 그러나 본문의 의미를 부분적으로만 이해하거나 또는 잘못된 길을 선택하는 것은 위험하다. 성경을 잘못 읽는 방식은 분명히 있다. 이와 달리 더욱 깊고 풍요로운 연구로 이끄는 독서 방식도 있다.

그렇다면 이 새 입문서가 목표로 하는 것은 무엇인가? 목적은 두 가지다. 첫째는 성경을 처음 읽는 이들을 위하여 간단한 도구를 제공하려는 것이다. 이를 통해 성경과 별로 친밀하지 않은 독자가 제기하는 첫 번째 질문에 대답하려는 것이다. 둘째는 성경을 비판적으로 읽도록 도와주려는 것이다. 달리 말해 본문을 있는 그대로 받아들일 때 생겨나는 문제들을 피하기 위하여 적절한 거리를 유지하는 것이다.

내가 말하고 싶은 것을 즉시 명확히 밝혀 줄 수 있는 한 가지 예가 있다. 그것은 특히 어려운 책으로 알려진 여호수아기에서 볼 수 있다. 여호수아기 6장이다. 이스라엘 백성은 여호수아의 인도 아래 예리코 성읍을 포위하고 있다. 그들의 전략은 독자를 깜짝 놀라게 할 수 있다. 사제들은 백성에게 이렛 동안 뿔 나팔을 불며 성읍의 성벽을 돌게 한다. 일곱째 날 사제들과 백성은 성읍을 일곱 바퀴 돌아야 한다. 일곱 번째로 성읍을 돌려고 하는 순간 여호수아는 백성에게

다음과 같이 명령한다.[1]

일곱 번째가 되어 사제들이 뿔 나팔을 불자 여호수아가 백성에게 말하였다. "함성을 질러라. 주님께서 저 성읍을 너희에게 넘겨주셨다. 성읍과 그 안에 있는 모든 것은 주님을 위한 완전 봉헌물이다. 다만 창녀 라합과 그 여자와 함께 집에 있는 사람은 모두 살려 주어라. 그 여자는 우리가 보낸 심부름꾼들을 숨겨 주었다. 너희는 완전 봉헌물에 손을 대지 않도록 단단히 조심하여라. 탐을 내어 완전 봉헌물을 차지해서 이스라엘 진영까지 완전 봉헌물로 만들어 불행에 빠뜨리는 일이 없게 하여라. 은과 금, 청동 기물과 철 기물은 모두 주님께 성별된 것이므로, 주님의 창고로 들어가야 한다"(여호 6,16-19).

본문을 이해하는 데 많은 어려움이 있다. 여기에서 제시하는 사항은 단지 주요한 난제들일 뿐이다. 무엇보다 먼저 여호수아가 도입한 전

---

[1] 원서에서 사용된 성경 번역본은, 따로 표시하지 않는 한, *La Bibbia. Nuovissima versione dai testi originali*, Cinisello Balsamo (MI), Edizioni San Paolo, 2010이다. 저자는 필요하다고 여겨지는 경우 약간의 수정을 가하기도 했다고 밝힌다. 이 번역본의 독자인 한국 사람을 고려하여 이 번역본에서는 원칙적으로 한국 천주교 주교회의 공인 《성경》(2005)을 사용하며, 원서와 다른 의미가 있을 경우 저자의 의도를 고려하여 수정 번역을 제시한다.

략을 이해하기가 쉽지 않다. '예리코의 뿔 나팔'은 대단히 유명하지만, 군사 전략 교본에서 뿔 나팔이 성읍의 성벽을 무너져 내리게 할 위력을 가진다고 말한 적은 한 번도 없다. 두 번째 어려움은 여호수아가 내린 명령이다. 라합과 그 가족들만 살려 주고, 그 밖에 예리코 성읍에 있는 모든 생명체를 '완전 봉헌물'로 여겨 전멸시키라는 것이다. 라합과 그 가족들은 요즘 말로 하면 '동업자'라고 할 수 있을 것이다. 2장에서 라합은 여호수아가 파견한 두 명의 정탐꾼들을 환대하고 그들을 숨겨 주며 성읍에서 안전하게 빠져나가게 해 준다. 성읍의 다른 모든 것은 이른바 '완전 봉헌물'이다. 성경은 이 말이 무슨 뜻인지 아주 상세하게 묘사한다.

> 사제들이 뿔 나팔을 부니 백성이 함성을 질렀다. 백성은 뿔 나팔 소리를 듣자마자 큰 함성을 질렀다. 그때에 성벽이 무너져 내렸다. 백성은 저마다 성읍을 향하여 곧장 앞으로 올라가서 그 성읍을 함락하였다. 그리고 남자와 여자, 어른과 아이, 소와 양과 나귀 할 것 없이, 성읍 안에 있는 모든 것을 칼로 쳐서 완전 봉헌물로 바쳤다(여호 6,20-21).

현대의 독자는 등골이 오싹해지는 것을 느낀다. 한편으로는 이스라엘의 하느님이 당신 백성에게 약속한 지역, 곧 이스라엘이 정복하기 시작한 지역을 이미 차지하고 있다는 단 한 가지 이유 때문에 그 민족을 전멸시키라고 명령한다. 여자들과 아이들까지, 심지어 노인들까지 다 죽여야 하는가? 게다가 소, 양, 나귀 등 동물까지 모두 학살해야 한다. 그러나 몇몇 사람, 승리자들과 협력자들은 살아 남을 것이다. 이 이야기를 어떻게 해석해야 할까? 무엇이든지 주저하지 않는, 더욱이 신학적으로 정당화된 실용주의가 아닌가? 이런 종류의 본문을 이를테면 예수 그리스도가 가르친 산상 설교나 원수에 대한 사랑과 어떻게 조화시킬 것인가?

그러나 어려움은 여기에서 끝나지 않는다. 고고학자들은 예리코의 고대 유적지를 발굴하였고 여호수아가 정복한 흔적들을 찾았다. 오랜 발굴 끝에 이스라엘이 약속의 땅에 들어가던 시기에 예리코 성읍에는 사람이 살고 있지 않았다는 결론에 이르렀다. 달리 말해, 그 성경 이야기에는 역사적 근거가 전혀 없다. 고고학자들에게 예리코의 성벽은 결코 무너져 내린 적이 없었다. 그 시대에는 예리코의 성벽이 존재하지도 않았기 때문이다.

세 가지 난관을 하나씩 풀어 가 보자. 무엇보다 먼저, 예리코의 성을 무너뜨리기 위하여 왜 뿔 나팔을 사용해야 하는가? 첫 번째로 말할 수 있는 것은 비교적 명확하다. 물론 여기에서 뿔 나팔의 첫 번째 목적은 여호 6장에 묘사된 목적과 다르다 하더라도, 여하튼 뿔 나팔은 군대 병기 중 하나이다. 예를 들어, 공격 나팔로 뿔 나팔을 사용한다. 다른 한편, 특히 아시리아의 음각 조각들에는 성읍의 포위를 그린 몇몇 고대 이야기와 형태들이 남아 있다. 고대의 어떤 문헌에서도 예리코의 뿔 나팔과 같은 것은 찾아볼 수 없다. 예를 들어, 아시리아인들은 성에 접근하는 이동식 탑을 이용하였다. 그 탑 위에서 활로 무장한 전사들이 포위된 자들을 향하여 횃불이나 불을 붙인 화살을 쏘았다. 다른 전사들은 무수한 방패로 엄호된 파벽차로 성문을 공격하였다. 끝으로, 파괴 공병대는 성벽을 무너뜨리기 위하여 성벽 밑에서 갱도를 팠다. 성경에는 판관 9,45-55; 2사무 12,27-30; 2열왕 17,5-6; 18,9-10; 18,17-19,37; 24,10-15; 25,1-7의 이야기가 있다. 이 이야기들은 매우 간결하며 특별한 전략을 언급하지 않는다. 예외가 있다면, 성채가 불에 탄 사실을 이야기하는 판관 9,48-49와 다윗의 장군 요압이 암몬인들의 수도인 '물의 성' 라빠를 점령하고 그 주민들에게 항복을 하든지 물 부족으로 죽든지 둘 중 하나를 선택하게 강제한 2사무 12,27이다.

우리는 여호 6장에는 진정한 전투 보고서가 존재하지 않는다고 결론을 내려야 한다. 이 첫 번째 결론은 이 단락을 이해하는 데 기본이 된다. 우리는 '현실' 세계에 있지 않다. 왜냐하면 성경 속 이야기들은 실제로 일어난 일을 묘사한 것이 아니기 때문이다.

사제들과 뿔 나팔의 역할을 강조하는 다른 이야기들도 존재한다. 매우 늦은 시기의 본문에 속하는 역대기에서 이를 찾아볼 수 있다. 예를 들면, 2역대 13,12-14; 20,28이다. 이 두 가지 경우, 우리는 정확히 전투가 아니라, 하나의 전례에 참석하고 있다. 사제들의 행렬이 뿔 나팔을 불기 시작하자 원수는 패배한다. 여호 6장 이야기는 역대기 다음에 이어지는 이야기들과 마찬가지로 사제들과 전례 도구의 역할을 칭송한다. 간단히 말해, 본문들은 이스라엘이 가지고 있지 않은 군사력이나 알지도 못하는 빼어난 전략에서가 아니라, 무엇보다도 먼저 자신들의 하느님 숭배에서 자신의 구원을 찾아야 한다는 것을 밝힌다. 여호 6장이 후대의 본문일 가능성이 매우 크다고 말하는 것은 별로 위험한 일이 아니다. 왜냐하면 이 본문은 이스라엘의 사제직이 핵심 제도가 되었던 때의 시대 정신을 반영하고 있기 때문이다. 이것은 분명히 유배 이후, 곧 페르시아 또는 어쩌면 심지어 헬레니즘 시기의 본문일 수 있다.

본문을 전례 문맥에 재배치하면, 성읍 정복에 관한 여호수아의 지시를 더욱 쉽게 알아들을 수 있다. 본문은 전투를 벌이는 전장을 묘사하는 것이 아니다. 그러므로 규칙들은 군사 전략과 연관하여 생각할 게 별로 없다. 우리는 이 사실을 확인하기 위하여 포위하였을 때에 적용할 수 있는 규정을 신명 20,10-15에 나오는 '전쟁에 관한 법'에서 읽을 수 있다.

> 너희가 어떤 성읍을 치려고 그곳에 다가가면, 먼저 그 성읍에 화친을 제안해야 한다. 그 성읍이 너희의 화친을 받아들여서 문을 열면, 그곳에 있는 백성은 모두 너희의 노역자가 되어 너희를 섬기게 해야 한다. 그러나 그 성읍이 너희와 화친하지 않고 싸우려 하면 그 성읍을 포위하여라. 그러면 주 너희 하느님께서 그 성읍을 너희 손

에 넘겨주실 것이니, 너희는 그곳의 남자를 모두 칼로 쳐 죽여야 한다. 그렇지만 여자들과 아이들과 가축과, 성읍 안에 있는 모든 것, 곧 모든 노획물은 전리품으로 삼아도 된다. 너희는 주 너희 하느님께서 너희에게 주시는 적의 노획물을 먹고 쓸 수 있다. 저기에 있는 민족들의 성읍이 아니라, 너희에게서 아주 멀리 떨어져 있는 모든 성읍에 그렇게 해야 한다.

신명기의 규정들이 더욱 합리적이며 알아듣기 쉽다. 그렇다면 여호수아가 예리코 주민 전체를 완전 봉헌물로 바치도록 지시하는 이유는 무엇일까? 이는 이스라엘 백성이 완전무결한 규칙을 시행하는 신성한 전례 세계에 있기 때문이다. 이 세계에서는 '전부냐, 전혀 없음이냐'를 추구한다. 여기에서 다루는 것은 약속의 땅의 첫 번째 성읍을 정복하는 문제이다. 그들은 이스라엘의 하느님의 이름으로 정복하며, 하느님에게 속하지 않는 모든 것을 파괴해야 한다. 이스라엘의 하느님이 정복된 공간 전체를 차지하도록 하기 위하여 전장을 깨끗이 비워 줄 필요가 있다. 여기서 언급된 세계에서는 타협이 용납되지 않는다.

이제 우리가 방금 개략적으로 기술한 해석과 고고학 자료들을 일치시키는 것은 어렵지 않을 것이다. 여호 6장의 본문은 역사적 이야기가 아니다. 우리는 왜 성읍이 파괴되고 사람이 살 수 없는 곳이 되었는지, 그리고 특히 왜 성읍 주민의 흔적이 전혀 없었는지를 설명하기 위하여 이 본문이 쓰였다고 상상해도 좋을 것이다.

독자의 머릿속에는 어쩌면 하나의 질문이 남아 있을지 모른다. 실제로 일어났던 사건이 아니라면, 이야기의 '진실'은 도대체 무엇인가? 앞에서 언급한 요소들을 종합해 보자. 성경의 이 이야기는 사제들이 악기인 뿔 나팔을 불며 거행한 전례에 힘입어 약속의 땅에서 첫 번째 성읍을 정복하는 장면을 묘사하고 있다. 메시지는 비교적 명백하다. 땅 소유가 그러하듯이, 이스라엘이 땅을 정복하게 된 것은 군사적 공적이 있었기 때문이 아니라, 전적으로 이스라엘의 하느님에 대한 믿음과 예배 덕분이라는 것이다. 또 이 단락에서 자신들의 땅에서 백성의 역사가 막 시작되는 시점에, 본질적 역할을 수행한 이스라엘의 사제직을 합법적으로 인정했다는 것도 읽을 수 있다.

끝으로, 방법론적 관점에서 수행한 여정을 간략하게 요약해 보자. 본문에서 제기된 문제들은 세 가지 주요 요소 덕분에 해결되었다. 첫째, 다른 성경 본문들과 고대 근동의 몇몇 문헌을 비교 연구하면서 여호수아기의 본문을 비판적으로 읽으면, 이 본문이 역사적 사실에 대한 보고서로 해석될 수 없음을 알 수 있다. 둘째, 다른 성경 본문과 비교하며 연구한 결과로 이 본문의 전례적 의도를 이해할 수 있게 되었다. 셋째, 역사적·문학적 맥락은 본문을 문자적 의미로 해석하지 않게 해 준다. 예리코 주민들의 몰살은 이스라엘의 하느님 숭배의 한 단면을 가리키는 상징적 행위이지, 이방 민족들을 어떻게 다루어야 하는지를 알려 주는 지침이 아니다.

요약하면, 우리는 성경 본문의 의미를 언제나 즉각적으로 이해할 수는 없다. 성경의 세계와 고대 근동 세계의 언어, 문화, 그리고 기질을 어느 정도 상세하게 알아야 한다. 그렇다고 해서 우리가 성경 본문을 이해할 수 없다고 말하는 것은 아니다. 다만 적절히 준비하며 이해해 보려고 애쓰지 않는다면, 많은 본문이 모호한 채로 남거나, 아주 작은 일부분의 의미만 찾아낼 수 있다는 뜻으로 한 말이다. 그러므로 우리는 성경 여정을 시작하면서 아주 단순한 질문부터 던지고자 한다.

II

구약성경은 무엇인가?

1. 이스라엘 '국립도서관'

우리는 즉시 "성경을 어떻게 정의하는가?"라고 첫 번째 질문을 던질 수 있다. 성경의 개념을 정의하는 방식은 대단히 많다. 성경에는 책들의 수집물이 들어 있다. 사실 성경은 '책들'을 의미하는 그리스어 단어이다. 그러므로 성경이란 책들을 수집해 놓은 것을 가리킨다. 그러면 즉시 다음과 같은 일련의 질문들이 제기된다. 누가 이 책들을 저술하였는가? 누가 이 책들을 수집하였는가? 누가 어떤 기준에 따라 이 책들을 선택하였는가? 책들 가운데에는 배제된 책들도 있는가? 배제되었다면, 왜 배제되었는가? 분명히 말하지만, 내가 이 모든 질문에 다 답변을 할 수는 없다. 그래서 핵심 질문에만 제한적으로 대답하겠다. 나는 무엇보다도 구약성경에 대하여 말하고자 한다.

성경은 사실상 이스라엘 백성의 핵심 문헌들을 수집해 놓은 문고이다. 성경은 이를테면 '국립도서관'이라고 말할 수 있을 것이다. '국가의 문서고'(Archivio di Stato)라고 말하는 사람들도 있을 것이다. 나는 국립도서관이라고 지칭하는 것을 더 선호한다. 왜냐하면 오늘날 문서고라는 단어는 특정한 의미를 가지고 있기 때문이다. 문서고는 행정에 관한 수많은 본문을 포함하지만, 도서관은 특히 문학 본문들을 모아놓은 곳이기 때문이다. 성경은 무엇보다도 문학 본문들로 구성되어 있다. 예를 들어, 성경에는 우주와 이스라엘 백성의 기원에 관한 이야기와 이 백성의 역사에서 있었던 주요한 사건들에 대한 보고가 있다. 예언서들은 이스라엘 역사의 주요 사건 및 인물에 대한 위인들의 의견을 포함한다고도 말할 수 있을 것이다. 끝으로, 인간 실존의 중대한 문제들에 관한 시, 기도, 단편소설(short stories)과 성찰의 수집물들이 있다. 그러므로 책과 문학 유형의 범위는 매우 광범위하다. 달리 말해, 이스라엘 국립도서관에는 구역과 책장이 많다.

잠시 국립도서관의 개념을 생각해 보자. 고대의 많은 왕국은 정부의 문서고 또는 거대한 도서관을 가지고 있었다. 고고학자들은 여러 고대 도시의 문서고를 발굴하였다. 이 고대 도서관 가운데 몇몇은 이미 알려져 있다. 아마도 알렉산드리아 도서관이 가장 유명할 것이다. 그보다 몇 세기 전에 아수르바니팔 임금은 코르사밧에 거대한 도서관을 건설한 것으로 유명해졌다. 오늘날 대다수 현대 국가에는 그 나라에서 출판된 모든 문학작품을 보존하는 국립도서관이 있다.

구약성경은 이 국립도서관들에 비교할 수 있다. 그 규모는 분명히 훨씬 더 축소되었으나, 개념은 대단히 유사하다. 그렇다면 이 도서관은 어떻게 형성되었는가? 우리는 지금 바로 이 질문에 대답하고자 한다.

2. 이스라엘 국립도서관의 기원

구약성경은 여러 차례에 걸쳐 그리고 어느 정도 직접적으로 문서고들에 대해 말한다. 또한 대단히 빈번하게 '유다 임금들' 또는 '이스라엘 임금들'의 '역대기'(또는 '연보')를 암시한다.[2] 우리는 이러한 암시에서 북 왕국과 남 왕국에 국가 문서고가 존재하였음을 추론할 수 있다. 논리적으로 볼 때, 왕국의 주요 사건들을 글로 기록한 서기관들과 매우 중요한 공공 생활의 문서들을 보존하던 관리들도 존재하였다. 고고학자들은 이스라엘의 다양한 지역에서 행정 본문을 발굴하기도 하였다.

더 후대에 쓰인 그리스어본 에스테르기는[3] 페르시아에 왕실 도서관이 있었다고 언급한다. 이 왕실 도서관에는 크세르크세스 임금

---

[2] 유다 임금들의 역대기: 1열왕 14,29; 15,7.23; 22,46; 2열왕 8,23; 12,20; 14,18; 15,6.36; 16,19; 20,20; 21,17.25; 23,28; 24,5. 이스라엘 임금들의 역대기: 1열왕 14,19; 15,31; 16,5.14.20.27; 22,39; 2열왕 1,18; 10,34; 13,8.12; 14,15.28; 15,11.15.21.26.31.
[3] 에스테르기의 원천에 관해서는 이 책의 제VII장 이스라엘 국립도서관의 마지막 책장, 5. 이스라엘 도서관의 '단편소설들'을 참조하라.

이 자신에게 반기를 든 두 내시의 음모를 공표할 때 군주를 위한 모르도카이의 행위를 기록한 일지가 있었다(에스 2,21-23). 히브리어 본문은 더욱 단순하게 '실록' 또는 '역대기'에 대해 말한다. 이는 우리가 앞의 열왕기에서 만났던 표현이다.

우리는 마카베오기 하권(기원전 1세기)에서 느헤미야가 창설했을 것으로 여겨지는 하나의 '도서관'에 대해 말하는 단락을 보게 되는데, 이 단락은 자주 인용된다. 똑같은 방식으로 유다 마카베오는 이스라엘을 위하여 더욱 중요한 책들을 수집하여 이집트의 히브리 공동체들에게 맡긴다. 본문은 다음과 같다.

> 위의 문헌과 느헤미야의 회고록에는 이러한 일들과 함께, 느헤미야가 도서관을 세우고 임금과 예언자들에 관한 책들과 다윗의 책들, 그리고 자원 예물에 관한 임금들의 편지를 모아들였다는 이야기도 나옵니다. 유다도 우리에게 닥친 전쟁 때문에 흩어진 책들을 모두 모아들였는데, 그 책들이 우리에게 있습니다. 필요하시다면 그것들을 가져갈 사람들을 보내십시오(2마카 2,13-15).

본문은 흥미롭지만, 희미한 그림자로 남아 있는 부분이 많다. 예를 들어, 이 단락은 느헤미야가 수집한 작품들 가운데에는 임금과 예언자에 관한 책들, 다윗의 문서들, 그리고 자원 예물에 관한 임금들의 편지를 언급한다. 그러나 모세의 법에 대해서는 말하지 않는다.

이는 매우 놀라운 일이다. 여기에서 다윗은 모세보다 더 중요한 것 같다. 그러나 문맥을 읽으면, 어떻게 된 일인지 이해할 수 있다. 마카베오기의 이 장은 무엇보다도 전례 자료들과 예배 자료들을 다루고 있다. 게다가 모세는 앞에서 여러 차례에 걸쳐 인용되었고(1,29; 2,4.8. 10.11 참조) 율법 역시 여러 번 인용되었다(1,4; 2,3.18 참조). 그러나 강조할 점은 방금 인용한 구절들에서 드러나는데, 이는 예루살렘 공동체가 이집트 공동체에게 보낸 편지의 한 부분을 차지하는 책들에 대한 특별한 관심이다(1,1). 중요한 정보들을 통교하는 방식은 전령뿐 아니라, '책' 또는 '문서들'이기도 하다. 이것은 완전히 새로운 것이 아니다. 이미 예언자 예레미야가 유배자들에게 편지 한 통을 발송한 적이 있다(예레 29,1).

　다시 우리의 논제로 돌아가자. 우리는 방금 인용한 본문들에서 이스라엘 백성이 고대 근동에 존재하였던 문서고와 다른 도서관들의 모범을 따라 도서관을 건설하려고 한 이유를 설명해 줄 몇 가지 요소를 얻어 낼 수 있다. 이스라엘 백성은 당시의 위대한 문명에 버금가는 문화를 자신들도 가지고 있음을 보여 주려고 하였다. 이스라엘은 매우 다양한 고대 문헌을 소장한 도서관을 자랑할 수 있었다. 이 문헌들이 자기 백성과 다른 나라 백성에게 이스라엘의 고대성과 문화의 가치를 입증하였던 것이다. 그러나 언급할 가치가 있는 또 다른 이유가 있다. 다음 항목에서 이를 다루고자 한다.

3. 이스라엘 정체성의 중심축인 모세의 율법서

이스라엘의 역사는 대단히 파란만장하다. 고대 이스라엘이 정착한 지역은 메소포타미아에서 이집트로 향하는 길에 위치해 있으며, 당대의 대제국들, 특히 이집트와 메소포타미아가 통제하기를 원했던 길 위에 있다. 평화를 구가한 기간이 – 상대적이지만 – 길게 이어진 적은 한 번도 없었다. 사실, 이스라엘 지역은 외국 열강의 침공과 지배를 여러 차례 받았다. 우리는 적어도 이 점에 관하여 중요한 사건 세 가지를 언급할 수 있다. ① 기원전 722년 사마리아 왕국이 종식되고 신아시리아 제국에 통합된다. ② 기원전 701년 아시리아 임금 산헤립의 침공으로 예루살렘이 포위되었다. 아마도 히즈키야는 이때 아시리아 임금의 예속 신하가 되었을 가능성이 매우 높다(2열왕 18,14 참조). ③ 기원전 598-597년과 588-587년, 두 번에 걸쳐 예루살렘이 포위된 뒤 함락되었다. 그리고 유다 백성은 이 기간에 여러 차례에 걸쳐 유배지로 끌려갔다. 유다 왕국은 바빌로니아 제국의 관구가 된다.

방금 언급한 사건들은 백성의 정치·경제·종교적 삶을 중단시켰다. 페르시아 임금 키루스가 바빌로니아를 점령하고 기원전 538년 칙령을 공포한 후, 유다 백성은 유배지에서 점차적으로 귀환했을 가능성이 매우 크다. 유배지에서 돌아온 귀환자들의 과제는 막중하였다. 그들은 조국에 남아 있던 사람들과 협력하거나 투쟁하면서 재건하고 수리해야 했다.

에즈라와 느헤미야의 지휘 아래 재건하는 일은 - 이 두 인물과 관련된 역사적 문제는 차치하고 - 합법화가 필요하였다. 개혁은 분명히 외적으로 페르시아 임금의 지지를 받고 있었다. 그러나 이스라엘 백성 내부에서(ad intra) 개혁을 정당화하고, 개혁이 자신들의 더 순수한 전통에 근거하고 있음을 입증하는 것이 중요하였다. 에즈라와 느헤미야의 책들은 무엇보다 먼저 한 권의 책, 곧 모세의 율법서에서 이 합법화의 근거를 찾는다. 핵심이 되는 몇몇 본문은 이를 충분하게 보여 준다. 가장 의미심장한 본문들 가운데 몇 가지를 인용해 보자.

성경 본문에 따르면, 에즈라는 메소포타미아에서 돌아올 때 "그대 손에 있는 하느님의 법"(에즈 7,14)을 가지고 온다. 느헤 8장의 이야기를 보면, 바로 이 율법학자 에즈라는 온 백성 앞에서 "주님께서 이스라엘에게 명령하신 모세의 율법서"(느헤 8,1)를 읽어 줄 것이다. 이 밖에도 에즈라기와 느헤미야기에서 중요한 모든 결정은 자주 문자그대로 "규정되어 있듯이" 또는 "쓰여 있듯이"라는 표현으로 인용된 '책'을 지칭하는 것으로 정당화되는 것을 확인할 수 있다.[4] 이제 참된 권위는 거의 책이며, 특히 '모세의 율법서'이다.

다른 본문들은 '모세의 율법서'가 에즈라와 느헤미야보다도 훨씬 더 이전에 이미 유사한 권위를 가지고 있었음을 보여 준다. 예를 들

---

4) 에즈 6,18; 느헤 8,15; 10,35; 다니 9,13. 참조: 에즈 3,2.4; 5,10; 6,2; 느헤 6,6; 8,14; 10,36; 13,1.

어, 유배 이전 유다의 마지막 위대한 임금인 요시야(기원전 640-609년)의 개혁 역시 2열왕 22장 이야기에 따르면 성전에서 발견된 한 권의 '책'에 근거를 두고 있다. 요시야 임금은 파스카 축제를 "계약 책에 쓰여 있는 대로"(2열왕 23,21) 지내도록 명령한다. 마찬가지로 느헤 8장에서 언급하고 있는 바, 율법을 읽은 뒤에 거행된 초막절 축제 역시 에즈라가 이제 막 읽은 율법서에 '쓰여 있는 대로' 지낸다(느헤 8,14-15).

훨씬 더 이전에 다윗 임금은 자기 아들 솔로몬에게 무엇을 하든지 "모세 법에 기록된 대로"(1열왕 2,3) 행동하라고 하였다. 끝으로, 이스라엘 백성의 첫 번째 위대한 지도자이며 모세의 뒤를 이어 백성을 약속의 땅으로 데리고 들어가는 데에 앞장선 여호수아는 하느님으로부터 모세의 율법서에 기록되어 있는 것을 그대로 명심하여 실천하라는 명령을 받는다(여호 1,7-8). 여호수아 자신이 에발산 위에서 모세의 율법 전체를 돌들에 새기고(8,32) 모든 백성 앞에서 읽어 준다(8,34-35).

이러한 맥락에서 마지막으로 인용할 본문은 탈출 24,3-9이다. 이 본문에서 모세는 시나이산에서 하느님으로부터 율법을 받은 뒤에 그 율법을 한 권의 '책'에 기록하고 계약을 기념하는 동안 온 백성에게 읽어 준다.

그러므로 '모세의 율법서'에 관한 본문들은 이스라엘 역사의 결정적 순간마다 나타난다. 곧, 율법서는 시나이 계약의 근거이며(탈출 24,3-8)

여호수아의 성공과 땅의 정복을 보장한다(여호 1,7-8). 율법서는 약속의 땅에서 선포된 첫 번째 법으로(여호 8,31-35) 나중에는 왕국의 기초가 된다(1열왕 2,3). 율법서는 이어서 유배 이전 요시야 개혁의 기초가 될 것이며, 유배 이후 예루살렘 공동체 재건의 머릿돌이 될 것이다(느헤 8장). 간단히 말해, '모세의 율법서'는 이스라엘에서 최고의 권위를 갖는다. 예를 들어, 모세의 율법서는 왕정보다 우선한다. 왕정의 참된 창설자 다윗이나 다윗 다음에 가장 위대한 임금 요시야나, 모두가 이 법의 더 높은 가치를 인정하며 모든 결정과 행동의 지침으로 삼는다.[5] 이것은 율법서가 이스라엘에서 예외적 중요성을 가지고 있었음을 보여 준다.

사실 '책'은 이스라엘 역사의 본질적 본문들에서 나타난다. 그 본문들의 까다로운 저작 연대 문제는 잠시 접어 두기로 하겠다. 모든 본문이 더욱 늦은 시기의 상황을 이스라엘의 과거 속으로 투사하여 오래전 일처럼 기술하고 있지만, 사실은 그 본문들이 후대의 것이라고 생각할 만한 충분한 이유가 있다. 예를 들어, 이스라엘의 임금과 유다의 임금은 법의 우위성을 자발적으로 인정하였다. 그러므로 고

---

[5] '임금의 법'인 신명 17,14-20은 이스라엘의 군주에게 모세의 율법의 사본을 만들어 날마다 읽도록 규정하고 있다(신명 17,18). 임금에게 부과된 법이 있다는 그 사실 하나만으로도 이미 놀라운 일이다. 왜냐하면 고대 근동의 어떤 법 수집물에도 이와 유사한 것이 포함되어 있지 않기 때문이다. 이 밖에도, 임금은 명백히 법에 예속되어 있다.

대 근동 전체에서 임금이 법을 만들고 선포만 하고, 법에 종속된 적은 절대로 없었다고 생각하기는 어렵다.

4. 이스라엘 '국립도서관'의 거대한 책장들

이스라엘 '국립도서관'의 다양한 구역을 자세히 살펴보고 더욱 귀중한 책들을 넘겨 보기 전에, 먼저 방향을 잡기 위하여 목록에 대해 알아볼 필요가 있다. 우리는 지금 이스라엘의 '국립도서관'에 대해 말하는 것이지, 그리스도교의 성경에 대해 말하는 것이 아니다. 먼저, 신약성경과 몇몇 책이 없다. 즉, 여기에는 이른바 가톨릭교회에서 말하는 '제2경전', 개신교에서 말하는 '외경'이 존재하지 않는다. 그리스어로 쓰인 책, 또는 칠십인역(LXX) 그리스어 번역을 통해 전해진 책인 토빗기, 유딧기, 에스테르기 일부, 마카베오기 상·하, 다니엘서 일부, 지혜서, 집회서 그리고 바룩서가 빠져 있다. 둘째, 책의 순서와 구성이 동일하지 않다. 히브리 성경은 세 부분으로 나뉘어져 있다. 첫째 부분은 토라(교육, 가르침, 법)이며, 이를 오경(창세기, 탈출기, 레위기, 민수기, 신명기)이라고도 한다. 그다음에 이어지는 책들이 예언서이다. 예언서는 전기 예언서(여호수아기, 판관기, 사무엘기 상·하, 열왕기 상·하이다. 그리스도인들이 '역사서'라고 부르는 책에 해당한다)와 후기 예언서로 나뉜다. 후기 예언서는 '대예언서', 곧 이사야서, 예레미야서,

에제키엘서[6]와 열두 '소예언서', 곧 호세아서, 요엘서, 아모스서, 오바드야서, 요나서, 미카서, 나훔서, 하바쿡서, 스바니야서, 하까이서, 즈카르야서, 말라키서이다. 마지막 세 번째 부분의 명칭은 매우 일반적 명칭인 '성문서'이다. 성경의 '나머지' 책들, 곧 시편, 잠언, 욥기, 이른바 '두루마리'(두루마리는 다섯 권으로 되어 있다: 룻기, 아가, 코헬렛, 애가, 에스테르기), 그리고 다니엘서, 에즈라-느헤미야기, 역대기 상·하권이 이 세 번째 부분에 들어 있다. 히브리 성경의 세 번째 부분에 속하는 책의 순서는 수사본에 따라 크게 차이가 날 수 있으며 우리가 보는 현대 성경은 수많은 수사본 가운데 하나를 선택한 것이다.

히브리 성경은 토라, 즉 오경에서 곧바로 정점에 이른다. 그러고 나면 하나의 긴 내리막이 시작된다. 중요한 책들은 성경의 첫 부분에 위치해 있으며, 중요한 사건들의 대부분은 약속의 땅에 들어가기 전에 그 땅 바깥에서 이루어진다. 예언서들은 대부분 토라에 대한 해설이며, '문서들'(성문서)은 토라에 대한 묵상이다. 이것을 확인해 주는 본문인 여호 1,7-8과 시편 1편을 읽을 것이다.

반면에, 그리스도교 성경은 세상 창조로 시작하여 마카베오기까지 이어지거나(가톨릭), 에즈라-느헤미야기까지 이어지는(개신교) 하나의 긴 이야기이다. 의도는 분명하다. 한편으로는 창조와 타락, 다

---

[6] 히브리 성경에서 다니엘서는 예언서 중 하나가 아니라, '성문서' 곧 성경의 세 번째 부분에 속한다.

른 한편으로는 창조와 신약성경 사이에 이야기 줄거리를 만들어 내려는 것이다. 이야기는 정점인 예수 그리스도의 출현을 향하여 상승하고 있으며, 정점은 마지막에 자리한다. 그러므로 그리스도교 성경은 히브리 성경과 달리, 시작이 아니라 끝이 절정이다.

지혜서에 속하는 욥기, 시편, 잠언, 코헬렛, 아가, 지혜서, 집회서는 역사서들 다음에 배열되어 있다. 어떤 점에서 볼 때, 독자들은 예언서들을 만나기 전에 묵상을 할 수 있는 휴식 시간을 갖게 되는 셈이다. 그리스도교 성경은 이 대예언서 네 권(이사야서, 예레미야서, 에제키엘서, 다니엘서)에 예레미야의 글로 여겨지는 애가와 예레미야의 비서인 바룩의 책을 덧붙인다(예레 36,4.32 참조). 끝으로, 호세아부터 말라키에 이르는 열두 소예언자를 볼 수 있다. 그리스도교 성경에서 예언자들은 히브리 성경에서처럼 일차적으로 토라의 주해가들이 아니다. 그들은 무엇보다도 메시아의 도래를 예고하는 환시가이다. 그러므로 다니엘은 특히 다니 7장에서 사람의 아들에 관한 환시 때문에 예언자들 사이에 포함된다. 칠십인역 그리스어 성경에서 다니엘서는 항상 이와 동일한 이유 때문에 구약성경의 마지막 책이기도 하다.[7] 이와 달리, 예로니모 성인의 불가타(Vulgata) 성경에서 구약성경의 마지막 책은 말라키서다. 말라키서는 다음과 같은 말로 결론을

---

[7] 칠십인역 성경에서 소예언서들은 대예언서들 앞에 나오는데, 이는 다니엘서를 정경인 구약성경의 마지막에 배치하기 위해서다.

맺는다. "보라, 주님의 크고 두려운 날이 오기 전에 내가 너희에게 엘리야 예언자를 보내리라. 그가 부모의 마음을 자녀에게 돌리고 자녀의 마음을 부모에게 돌리리라. 그래야 내가 와서 이 땅을 파멸로 내리치지 않으리라"(말라 3,23-24). 신약성경은 이 예언을 세례자 요한에게 적용할 것이다(루카 1,17; 마태 17,10-13 참조). 이 본문은 구약성경과 신약성경의 연결 고리 역할을 한다. 왜냐하면 선구자인 세례자 요한, 곧 메시아에게 문을 열어 주는 구약성경의 마지막 예언자의 도래를 고시하기 때문이다(마태 11,11-15; 루카 16,16 참조). 그리스도교 성경은 예로니모가 불가타 성경에서 선택한 순서를 받아들였다.

이제 우리는 지금까지 간략히 살펴본 바에 근거하여 이스라엘 국립도서관의 가장 중요한 제1부인 오경에 대해 말할 수 있을 것이다.

III

이스라엘의 헌법인 오경

1. 머리글

이스라엘 국립도서관의 첫 번째 책들은 우주의 기원(창세 1-11장)과 이스라엘 백성의 기원(창세 12장-신명 34장)을 묘사하고 있다. 첫째 부분보다 훨씬 더 긴 둘째 부분은 다시 둘로 나눌 수 있다. 먼저 이스라엘의 조상들, 이른바 성조들(아브라함, 이사악, 야곱, 요셉)에 대해 말하는 부분과 모세의 위업(탈출기-신명기)에 대해 말하는 부분으로 구분할 수 있다.

   나는 오경에 가장 잘 상응하는 현대 문헌의 유형이 헌법이라고 생각한다. 물론 헌법은 지배적인 법 본문이며 설화적 요소가 없다고 즉시 반박하는 사람이 있을 것이다. 맞는 말이다. 오경은 '국가의 역사'를 간추려 정리한 개설을 붙인 헌법이다. 단적으로 말한다면, 오경은 이 헌법이 무엇인지를 우리에게 말하는 것 외에 국가와 헌법이 어떻게 생겨났는지를 이야기한다. 그러므로 설화 본문들 안에 법 본문들을 포함하고 있다.

이 사실은 전혀 새롭지 않다. 종주권 조약들처럼, 고대 근동의 법 수집물들에는 짤막한 역사적 서문이 수집물 맨 앞에 나온다. 그러나 설화 본문의 분량이 성경에서는 훨씬 더 일관성을 가진다. 이 사실은 주목할 만한 가치가 있다.

전문가들에게 잘 알려져 있는 또 다른 어려움이 있다. 곧, 오경의 다양한 이야기와 서로 다른 법 사이에 차이와 모순이 있다는 것이다. 하나의 헌법은 하나의 형태와 동질성을 가져야 한다. 그렇지 않으면 한 국가의 모든 국민을 일치시키는 데에 도움이 될 수 없다. 헌법 내부에서 볼 수 있는 모순들은 문제와 논란을 끝없이 불러일으킬 수 있다.

그렇다면 오경을 이스라엘의 헌법이라고 말할 수 있을까? 내가 생각하기에는 그렇다고 말할 수 있다. 이제 그 이유를 설명하면서 중요한 이유 세 가지를 지적하겠다.

1) 이스라엘은 어떻게 세워지는가?

첫 번째 동기는 오경을 형성하는 책 다섯 권의 의도와 연결되어 있다. 무엇보다도 우주를 지으신 하느님이 바로 이스라엘의 하느님이라는 것을 드러내는 창조에 관한 앞부분을 현재로서는 잠시 접어두고자 한다. 우리의 목적을 위하여 더욱 중요한 것은 이스라엘의 조상들에 관한 이야기이다. 이 이야기들은 이스라엘인에게 일종의 '신분

증'을 제공한다. 원칙은 족보이다. 말하자면 이스라엘 백성의 구성원들은 무엇보다 먼저 혈연에 따라 규정된다. 그들은 아브라함과 이사악과 야곱의 후손이며 야곱의 열두 아들 가운데 한 사람의 후손이다. 그러므로 그들은 이스라엘의 열두 지파 가운데 한 지파의 구성원이다. 이야기들은 이스라엘인과 이스마엘인, 에돔인, 모압인, 그리고 암몬인 사이의 차이도 설명한다. 그들은 방계친족에 속하는 사촌이다.[8]

이 밖에도, 이스라엘 백성의 한 구성원은 이집트를 탈출한 백성의 후손이다. 그의 조상들은 이집트에서 종이었으며, 하느님에 의해 해방되었고, 하느님 자신이 광야를 거쳐 약속의 땅으로 그들을 인도하셨다. 그러므로 이스라엘인은 선조들과 역사를 공유한다.

끝으로, 그들은 공동의 헌법을 가지고 있다. 곧, 시민법(라틴어로 ius)과 거룩한 법(fas)을 갖춘 모세의 법을 공유한다. 백성의 조상들은 계약 의식에서 하느님에 의해 선포되고 모세에 의해 전달된 법을 받아들였다. 이집트에서 나온 첫 세대는 시나이산 주위에서 하느님과 계약을 체결한다(탈출 24,3-8). 광야에서 태어난 둘째 세대는 약속의

---

8) 창세 16장에 따르면 이스마엘은 아브라함과 신부로 맞아들인 이집트인 여종 하가르의 아들이다. 그러나 약속의 아들은 이사악이지 이스마엘이 아니다. 에돔의 조상 에사우는 야곱의 쌍둥이 형제이지만, 장자권과 축복을 잃어버렸다(창세 25,27-34; 27,1-45 참조). 암몬족과 모압족은 아브라함의 조카 롯의 두 아들의 후손들이다(창세 19,30-38 참조).

땅에 들어가기 전에 모압 광야에서 또 다른 계약을 체결한다(신명 28,69 참조).

결론적으로 말해, 오경은 이스라엘의 '헌법'(기본법)을 형성한다고 말할 수 있다. 왜냐하면 세 가지 관점, 곧 족보의 관점, 역사의 관점, 그리고 법의 관점에서 어떻게 이스라엘을 '창설하는지'를 설명하고 있기 때문이다.

2) 헌법과 문서

다음으로, 오경에는 이스라엘 백성의 가장 오래된 기원들에 관한 문서가 존재한다. 현대의 헌법은 일반적으로 국가 역사의 명확한 순간에 쓰였으며 국가를 대표하는 사람들이 공식적으로 승인한 결정적인 본문이다. 이스라엘의 경우는 이와 다르다. 그러나 완성된 헌법이 없던 영국에서 유사한 상황이 나타난다. 곧 영국에는 여러 핵심 문헌, 예를 들어 색슨족의 앨프레드 대왕(849-899년)의 법들, 대헌장(Magna Charta, 1215년), 그리고 1689년의 권리장전(Bill of Rights)이 존재한다. 이 밖에도 영국의 역사에 관한 고대 작품, 곧 존자 베다(672-735년)의 《영국 교회사》도 언급할 필요가 있다. 그렇기 때문에 영국에는 고대 문헌들과 오랜 법 전통이 있지만, 이전의 문헌들을 통일하고 조화롭게 만든 결정적인 문헌(역주: 성문 헌법)은 존재하지 않는다.

오경의 경우에도 똑같이 말할 수 있다. 오경은 이스라엘의 기원에 관한 문서들을 모두 다 포함하고 있다. 세상 창조부터 모세의 죽음에 이르기까지 언내기가 들어 있지만, 문체나 사상은 통일되지 않은 상태로 역사와 법 수집물들이 전체로 통합되어 있다. 문서는 다시 쓰이지도 않았고, 수정되지도 않았으며 같은 성격을 지닌 하나의 문서로 만들어지지도 않았다. 그러므로 나는 문서고 또는 도서관이라고 말하고 싶다.

3) 오경 저자들의 익명성

세 번째 이유는 아마도 덜 중요하겠지만, 이 이유 역시 나름의 가치를 가지고 있다. 현대의 헌법들은 익명이다. 왜냐하면 동일한 지역에서 동일한 법률적 원칙들의 기초 위에 함께 살려는 국민의 집단 의지를 대표하기 때문이다. 그러나 몇몇 경우에는 누가 헌법을 썼는지 아주 잘 알고 있다. 예를 들어, 미합중국의 독립선언문은 대부분 토마스 제퍼슨에 의해 작성되었지만, 그는 문헌에 서명을 하지 않았다. 독립선언문은 제퍼슨의 것이 아니라 미합중국의 모든 국민의 것이며, 제퍼슨은 국민의 이름으로 그 문헌을 작성하였다. 달리 말해, 그 문헌은 제퍼슨의 생각을 포함하고 있는 것이 아니라, 제퍼슨 편에서 젊은 국가인 미합중국에 튼튼한 기반을 제공하기 위하여 표명된 윤리적·법률적 원칙들을 포함하고 있다.

다른 헌법들은 국가의 형성에 참여한 다양한 구성인 또는 정당인 사이의 토론과 합의와 타협의 결실이다. 이 경우, 헌법은 다양한 집단의 이상적인 사상과 관심을 반영하는 내부의 차이성을 드러낸다.

우리는 또 다른 예로 제2차 바티칸 공의회 문헌을 들 수 있다. 공의회의 많은 문헌이 다양한 경향에서 유래하는 요소들을 통합하기 위하여 여러 차례에 걸쳐 오랫동안 토론되고 수정되고 교정되었으며 재작업되고 편찬되었다. 결정된 마지막 본문에는 합의에 도달하려는 공동의 의지가 반영되어 있는데, 이러한 단일성이 획일성을 의미하지 않는다. 그것은 복수複數의 단일성을 뜻한다.

우리는 오경이 전통적으로 모세의 작품으로 여겨진다는 점에 이의를 제기할 수 있을 것이다. 오경 자체는 단지 이른바 계약 법전(탈출 24,4 참조)과 신명기 법전(신명 31,9 참조)만을 모세가 작성하였다고 언급한다. 기껏해야 모세는 아말렉과의 전쟁에 관한 보고서(탈출 17,14 참조), 광야에서 이스라엘이 머무르다 떠난 여정(민수 33,2 참조), 그리고 신명 32장의 노래(신명 31,22 참조)를 썼을 것이다.

모세는 정확하게 이른바 '모세 법'의 저자로 제시되지 않는다는 점도 덧붙일 필요가 있다. 오경의 본문들에 따르면, 모세는 더 높은 권위를 가진 하느님에게서 법을 받으며 그 법은 백성과 모세 자신에 의해 그대로 인정된다. 모세는 법의 저자가 아니다. 모세는 편집자 또는 서기이다. 달리 말해, 성경에는 토마스 제퍼슨과 같은 존재가 없다는 것이다.

2. 하나로 합치기 위하여 이야기하다

앞에서 살펴본 것처럼, 오경은 설화적 요소와 법률적 요소를 모두 포괄하고 있다. 이제 그것들의 목적을 더 잘 이해하도록 해 보자. 설화 부분부터 시작하자.

우주(창세 1-11장)와 성조들(창세 12-50장)의 기원에 관한 이야기 뒤에, 모세의 인도 아래 탄생한 이스라엘 백성의 기원에 관한 긴 이야기가 나온다. 그 이야기는 네 개의 주요 부분으로 나뉜다. 곧, 탈출기 또는 이집트 탈출 이야기(탈출 1-15장), 광야에서 지체하는 이야기(탈출 15-18장; 민수 11-34장), 이스라엘이 시나이산 근처에서 오랫동안 머무른 이야기(탈출 19장-민수 10장), 끝으로 모세가 자기 생애의 마지막 날 예리코 앞 모압 땅에서 발설한 네 개의 담화로 나뉘는데, 이 마지막 담화들은 오경의 다섯 번째 책 곧 신명기를 형성한다. 이 이야기들의 의미는 무엇인가?

나는 이야기의 역사적 가치에 관하여 언급하지 않겠다. 그것은 너무 복잡하다. 나는 단지 그것이 현대적 의미의 '역사'(storia)가 아니라는 것을 말해 두고자 한다. 오경의 이야기들은 이스라엘의 과거에 관한 정보를 제공하려는 목적을 가지고 있지 않다. 그 이야기들의 첫 번째 목적은 한 백성의 의식을 형성하는 데에 있다. 곧, 공동의 의식과 유일한 하나의 국가에 속한다는 느낌을 만들어 내려는 데에 있다. 나는 '만들어 내다'라는 단어를 강조한다. 왜냐하면 이 단어는 세계지도에서 모든 것이 이스라엘 백성의 멸종으로 치닫고 있다는 것을 더욱더 명백하게 나타내기 때문이다. 아시리아, 바빌로니아, 페르시아, 그리스, 그리고 로마에 정복된 뒤 소멸되지 않은 고대 민족이 몇이나 있는가? 이스라엘은 자신의 고통스러운 역사가 빚어낸 모든 변천에서 살아남았다. 오경은 그러한 존속의 비밀들 가운데 하나를 담고 있다.

1) 왜 아브라함이 이스라엘의 조상인가?

오경의 이야기들은 결합된 한 백성을 만들어 내려고 한다. 그것이 이른바 성조들의 첫째 목적이다. 이스라엘 백성의 모든 구성원은 동일한 조상 곧 아브라함과 사라, 이사악과 레베카, 야곱과 그의 두 아내인 레아와 라헬의 후손이다. 만약 우리가 오경을 이런 유형의 다른 이야기들과 비교한다면, 일반적으로 한 백성의 조상은 유일한 한 사람이지 이스라엘처럼 세 사람이 아니라는 사실에 놀랄 것이다. 로몰루스는 레무스를 제거한 뒤에 로마를 창설하였다. 헬라스는 그리스 백성의 신화적 창시자이다. 성경에 따르면, 가나안은 가나안인들의 조상이며, 이스마엘은 이스마엘인들의 조상이고, 에사우-에돔은 에돔인들의 조상이다.

    이 밖에도, 한 백성에게는 그 조상의 이름이 붙여지거나, 아니면 그 둘 사이에는 어원학적 관계가 있다. 잘 알려져 있는 이 원칙에 따르면, 이스라엘의 조상은, 창세 32,23-33의 신비스러운 일화에서 야곱이 받은 이름인 이스라엘이어야 할 것이다. 그러니 창세기에서 이스라엘의 조상은 아브라함이지, 야곱-이스라엘이 아니다.

선택된 조상은 북쪽 출신이 아니라 남쪽 출신이라고 즉시 대답할 수 있을 것이다. 기원전 722년 사마리아가 멸망한 뒤에 이스라엘의 전통들은 유다 왕국의 수도인 예루살렘으로 넘어갔다. 그 전통들은 성도에서 보호되고 전달되었다. 백성 전체의 조상이 남쪽의 인물이라는 것 - 또는 인물이 되었다는 것 - 은 당연한 일이었다.

그런데 우리는 유다 왕국에 있다. "그렇다면, 백성 전체의 조상으로 유다를 선택해야 하지 않겠는가? 유배 이후에는 항상 더욱더 '유다인들'에 대해 말하는 것을 생각할 때, 당연히 유다를 선택해야 하지 않겠는가?" 그러나 유다는 이스라엘의 조상이 아니다.

마지막으로 놀라운 일이 또 있다. 백성의 조상은 사마리아가 함락된 뒤에, 그리고 유배 이후에 백성의 삶의 진정한 중심이 된 성도 예루살렘의 창시자도 아니다. 예를 들어, 명백히 예루살렘과 대등한 살렘의 임금 멜키체덱처럼 신비스러운 인물을 창시자로 생각할 수도 있었을 것이다(창세 14,18-20; 시편 110[109],4 참조). 이 인물은 그렇게 되지 않았다.

그러므로 아브라함이 선택된 것은 매우 특별하다. 아브라함에 관한 전승은 대부분은 예루살렘에서 남쪽으로 약 40킬로미터 떨어진 도시 헤브론에서 유래한다. 아브라함이 유다 주민들 사이에 알려져 있었을 가능성은 매우 높다. 어쩌면 아브라함이라는 이름은 헤브론 근처에 있는 성소, 곧 마므레의 참나무들과 연결되었을지도 모른다(창세 13,18; 18,1 참조). 그러나 우리가 여기에 대해서 정확하게 아는 것이 별로 없다.

그런데 헤브론에는 예루살렘에 없는 이점이 있었다. 곧 헤브론은 적들의 군대에 의해 점령되거나 파괴된 적이 한 번도 없었다. 예루살렘은 바빌로니아인들에 의해 황폐하게 되었고 더럽혀졌다. 그러므로 고대 사고에 따르면 예루살렘은 '부적격'했다.

이 모든 요소를 한데 모으면, 우리는 아브라함이 이스라엘 백성 모든 구성원의 조상이 되는 데에 이상적 후보자였던 이유를 알 수 있다. 그의 과거는 아무런 흠이 없이 '깨끗'하였다. 그는 '더럽혀지지 않은' 장소의 출신이었다. 예를 들어 "사람의 아들아, 이스라엘 땅의 저 폐허에 사는 자들이 이런 말을 한다. '아브라함은 혼자이면서도 이 땅을 차지하였는데, 우리는 수가 많다. 그러니 이 땅은 틀림없이 우리에게 소유로 주어진 것이다'"(에제 33,24)라는 말이 증언하듯이, 그는 그 지역의 민중에게 잘 알려져 있는 인물이었다. 이런 식으로 표현하는 사람들은 유배 기간 동안 유다 땅에 남아 있던 민중이다. 예언자 에제키엘은 여기에 별로 동의하지 않는다. 그러나 유배 기간 동안 유다 지역의 민중 사이에서 아브라함의 명성이 높았다는 점이 중요하다.

간단히 말해, 아브라함을 선택한다는 것은 이스라엘의 다른 지역들에 비해 남쪽의 우위성을 단언한다는 것을 의미하였다. 그것은 '변질되지 않고 본래대로 보존된' 혈통이 남쪽에 남아 있었음을 인정받으려는 뜻이기도 하였다. 끝으로, 특히 아브라함에게 주어졌던 약속에서 시작하여 국가에 전해진 전통으로 다시 시작할 수 있음을 인정하는 방식이었다. 이제 이 점에 대해 설명하고자 한다.

2) 이스라엘 신앙의 토대인 아브라함

아브라함과 사라에 관한 이야기들은 크게 잘못될 위험을 겪지 않으면서 하느님의 약속들, 곧 아들의 약속, 땅의 약속, 하느님의 강복과 보호를 거쳤다고 말할 수 있다. 특히 흥미로운 두 군데의 본문에서 하느님의 약속은 하느님이 성조와 체결한 장엄한 계약(히브리어 $b^e rit$)을 중심 토대로 삼는다(창세 15장과 17장). 하느님과 아브라함이 맺은 계약은 다른 계약들과 달리 조건이 없다. 그것은 맹세의 형태로 이루어진 장엄한 약속이며, 그 약속을 위하여 하느님은 아무것도 요구하지 않기 때문이다. 왜 그럴까?

오경이 형성되었던 시기, 달리 말해 유배 이후 시기의 본문들을 다시 읽어야 한다. 위대한 예언자들, 특히 예레미야와 에제키엘은 유배를 시나이 계약이 파기된 결과로 설명하였다. 하느님은 당신 백성에게 도움과 보호, 복과 번영을 약속하였다. 그 약속은 이스라엘이 계약에 충실하며 하느님의 법을 준수한다는 조건이었다. 이스라엘은 자기 하느님에게 충실하지 않았다. 그래서 저주를 받았다. 여기서 "이스라엘에 아직도 미래가 있는가?"라는 질문이 제기된다. 하나의 해결책은 시나이 계약보다 더욱 견고하고 더 오래된 토대를 찾아내는 것이었다. 이스라엘은 그것을 성조들, 특히 아브라함에게서 찾아냈다. 아브라함과의 계약은 시나이 계약과 달리 조건이 붙어 있지 않았다. 그러므로 아브라함과의 계약은 철회될 수 없다. 왜냐하면 그 계획은 당신의 약속에 대한 하느님의 충실성에 전적으로 달려 있을 뿐, 백성의 충실성에 달려 있는 것이 아니기 때문이다.

3) 아브라함, 이스라엘이라는 존재의 패러다임

이스라엘의 역사를 아브라함으로 시작하는 것은 단순히 조상을 찾는다는 정도로 그 의미가 한정되지 않았다. 그것은 진정한 '시작'을 찾으려는 시도를 뜻하기도 하였다. 일반적으로 말해, 한 백성의 역사는 한 성읍, 한 왕조의 창시와 더불어, 또는 한 영웅이 제국을 점령하는 것으로 시작한다. 이스라엘에서 백성의 역사는 유목민 또는 반半유목민의 목자로서 많은 가축을 거느리고 천막에서 살았던 이와 더불어 시작한다.

첫 번째 대답은 이스라엘의 역사에서 찾을 수 있다. 이스라엘의 위대한 도성인 사마리아와 예루살렘은 정복되고 파괴되었다. 다윗 왕조는 바빌로니아 유배로 끝이 났고, 결코 다시는 재건되지 못했다.

이스라엘의 다른 제도들, 예를 들어 성전 예배는 오랫동안 일그러짐을 겪었다. 이 모든 사건에도 불구하고 지나친 손상 없이 살아남은 단 하나의 제도는 확장된 가족, 곧 '가문'이었다. 그러므로 이스라엘은 망설임 없이 아브라함과 사라와 동일시할 수 있었으며, 이 첫 번째 가족의 역사를 자신의 것으로 삼을 수 있었다.

조상 아브라함과의 동일화는 일련의 아브라함 이야기(창세 12-25장)를 편찬한 책임자들에 의해 쉽게 이루어졌다. 그들은 몇몇 요소를 이용하였으며 다른 요소들의 경우에는 재작업을 하였다. 그 목록이 길기 때문에 이 자리에서 세세한 요소들을 모두 지적하지는 않겠다. 다만 몇몇 주요한 요소만 나열하면 다음과 같다.

예를 들어, 아브라함은 칼데아의 우르 출신이다(창세 11,31; 15,7; 느헤 9,7; 참조 여호 24,2-3). 아브라함은 세켐과 베텔에서부터 네겝에 이르기까지 약속의 땅 전체를 지나(창세 12,6.8.9) 이집트까지 내려간다(12,10-20). 아브라함은 헤브론 근처에 있는 마므레의 참나무들 곁으로 가서 자리 잡고 살기 전에(13,18) 이집트에서 베텔로 돌아온다(13,3-4). 이어서 우리는 아브라함을 네겝에서(20,1-18), 다음에는 브에르 세바에서 다시 만난다(21,32-33; 22,19). 그러나 사라는 헤브론에서 죽어(23,2) 그곳에 묻혔으며 아브라함 역시 그곳에 묻힌다(25,9).

여기에서 두 가지 점을 살펴볼 가치가 있겠다. 첫째, 아브라함은 훗날 백성이 옮겨 다니게 될 길 전체를 미리 걷는다. 그는 유배자들처럼 메소포타미아에서 왔다. 백성처럼 일정한 시간을 이집트에서 보내기도 한다. 그러므로 그는 모세의 인도로 이집트 탈출에 참여하게 될 사람들과 유배에서 돌아올 사람들의 조상일 수 있다.

둘째, 아브라함은 모든 지역을 거치며 약속의 땅의 중요한 장소들을 모두 방문한다. 곧, 아브라함은 북쪽 특히 세켐과 베텔을, 남쪽 특히 마므레(헤브론)를 방문하며, 남쪽 끝에 위치한 네겝과 브에르 세바를 방문한다. 창세 14,18-20의 신비스러운 이야기에 따르면, 아브라함은 살렘-예루살렘의 신비스러운 이름-도 거쳐간다는 것을 덧붙일 수 있을 것이다. 이야기는 어떤 지역도 아브라함을 독차지하려고 주장할 수 없다는 것을 아주 능란하게 잘 표현하고 있다. 마찬가지로 아브라함과 아무런 연관이 없다고 주장할 수 있는 지역도 전혀 없다. 우리가 아래에서 보게 되겠지만, 이는 무엇보다 먼저 야곱과 훨씬 더 연결되어 있는 북쪽의 경우에 맞는 말이다. 아브라함은 헤브론 지역과 마므레의 참나무들과 특별한 유대를 가지고 있다. 그곳에는 그의 무덤이 있으며 아마도 그의 기억이 보존되어 있을 것이다. 그러나 아브라함의 연속된 일화는 아브라함으로 하여금 약속의 땅의 길과 언젠가 그의 후손들이 지나가야 할 길을 전부 거쳐 가는 유목민 목자의 모습을 최대한 잘 이용하였다. 그렇기 때문에 아브라함은 예외 없이 모든 이의 조상이다.

여러 면에서 전망해 보더라도 아브라함은 이스라엘의 아버지이며 창시자이다. 이런 관점에서 창세 15장은 아마 이를 가장 충족시키는 본문일 것이다. 물론 이것이 유일한 본문은 아니다. 나는 다시 한번 더욱 중요한 측면에만 국한해 말한다. 아브라함은 하느님의 약속들을 '믿은' 첫 번째 성경의 인물이다(15,6). 순수하게 예언의 용어에 따르면, 그는 계시를 받은(15,1) 첫 번째 '예언자'(20,7)이기도 하다. 앞에서 살펴 본 것처럼 아브라함은 이집트 탈출 이전에 이집트를 탈출하였지만(12,10-20), 창세 15,7은 그가 칼데아의 우르 출신이라는 것을 묘사하기 위하여 이집트 탈출의 정형화된 문구를 사용하고 있다. "너를 칼데아의 우르에서 이끌어 낸 이다"(탈출 20,2 참조: "나는 너를 이집트 땅, 종살이하던 집에서 이끌어 낸 주 너의 하느님이다"). 아브라함은 약속의 땅에서 제단들을 만들고 주님의 이름을 부른 첫 번째 인물이다(창세 12,7-8). 아브라함은 계약을 준비하기 위하여 이스라엘의 예배에 사용된 모든 동물을 희생한 첫 번째 인물이며(15,9-10), 하느님은 시나이 계약 이전에 아브라함과 계약을 체결하신다(15,18).

아브라함의 처신은 후손들에게 본보기 - 하나의 패러다임 - 가 된다. 아브라함은 하느님과 맺은 계약의 표징인 할례를 실천한 첫 번째 인물이다(17장). 그는 모세 때 율법을 선포하기 전에 이미 율법을 준수한다(26,5). 그는 살렘 - 예루살렘 - 의 성소에 십일조를 바친다(14,20). 그는 하느님의 명령에 순종하고(창세 12,1-4; 22,1-19; 참조 특히 22,15-18), 환대하며(18,1-15) '의인들'을 위하여 중재하는(18,22-33) 본보기가 된다. 아브라함은 확실히 그의 모든 후손에게 '닮고 싶은 인물의 본보기'로 기능한다.

4) 이사악과 땅에 대한 법

이사악이라는 인물은 그의 아버지 아브라함에 견주어 볼 때 훨씬 더 온순하고 허약하다. 유일하게 창세 26장에서만 이사악이 혼자 또는 주로 혼자 움직일 뿐이다. 레베카와 함께 여행을 하지만, 그의 부모나 자녀들은 언급되지 않는다.

이사악은 특별히 라하이 로이의 우물과 연결되어 있다(24,62; 25,11). 성경에서 우물이 처음 나타나는 곳이 창세 16,14이다. 그곳은 주님의 천사가 하가르에게 나타나서 아들, 곧 이스마엘을 낳을 것이라고 예고하는 장소이다. 남아 있는 자료들이 너무 적어 확실한 가설을 세울 수는 없지만, 이스마엘과 이사악 사이에 어떤 혼동이나 중복 또는 대체가 있었으리라는 느낌을 받는다.

우리의 목표를 위하여 참으로 중요한 것은 한 가지 질문뿐이다. 아브라함과 야곱 사이에, 이사악을 끌어들여 성조를 세 사람으로 만든 이유는 무엇일까? 필자가 보기에 그 이유는 단순하다. 아브라함은 약속의 땅 밖에서, 곧 칼데아의 우르에서 태어난다. 야곱은 자기 조국에서 멀리 떨어진 하란에서 20년을 살고 이집트에서 죽을 것이다. 두 사람 가운데 어느 누구도 약속의 땅에서 생애 전체를 살지 못하였다. 이사악만이 가나안 땅에서 태어나고 성장하며 살다 죽는다. 이 사실은 창세 26장의 시작에서 명백하게 드러난다. 나라 전체에 기근이 든다. 이사악은 자기 아버지 아브라함이 그랬던 것처럼 이집트로 내려가려고 시도할 수 있었을 것이다(26,1; 참조 12,10). 그러나 하느님은 그에게 나타나서 다음과 같이 말씀하신다.

> 이집트로 내려가지 말고, 내가 너에게 일러 주는 땅에 자리 잡아라. 너는 이 땅에서 나그네살이하여라. 내가 너와 함께 있으면서, 너에게 복을 내려 주겠다. 내가 너와 네 후손에게 이 모든 땅을 주고, 너의 아버지 아브라함에게 맹세한 그 맹세를 이루어 주겠다. 너의 후손을 하늘의 별처럼 불어나게 하고, 네 후손에게 이 모든 땅을 주겠다. 세상의 모든 민족들이 너의 후손을 통하여 복을 받을 것이다. 이는 아브라함이 내 말에 순종하고, 나의 명령과 나의 계명, 나의 규정과 나의 법을 지켰기 때문이다(창세 26,2-5).

이사악은 약속의 땅을 한 번도 떠난 적이 없기 때문에 땅의 소유에 대한 충만한 권리를 후손들에게 주는 유일한 성조이다.

5) 야곱과 귀환 약속

세 명의 성조 가운데 가장 파란만장한 삶을 살았던 야곱은 가장 양면적인 인물이다. 여기서는 가장 중요하게 여겨지는 두 가지 요소만 탐구하겠다. 야곱은 북 왕조에서 특히 유명한 인물이다. 야곱에 대해 말하는 호세 12장을 보면, '진지하고' 본보기적 인물인 아브라함과 반대로, 야곱은 훨씬 덜 교훈적이다. 야곱은 무엇보다도 교활하다. 야곱은 자신의 지성 덕분에 다른 사람들이 특권이나 세력으로 획득하는 것을 쉽게 얻는다. 그는 스위스의 빌헬름 텔이나, 북 독일과 플랑드르의 틸 오일렌슈피겔, 그리고 영국의 로빈 후드와 같이 백성으로부터 추앙받는 영웅에 속한다. 이 민중 영웅들 사이에는 명백한 차이들이 있다. 비록 야곱의 도덕성이 항상, 더할 나위 없이 완전한 것은 아니라 할지라도, 야곱은 대단히 잘 알려진 민중 영웅의 무리에 속한다.

언급할 가치가 있는 두 번째 요소는 아브라함의 경우와 같이 야곱이라는 존재도 하나의 모범으로 예시되었다는 것이다. 그러나 이 측면은 아브라함의 주기에서보다 훨씬 덜 발전되었다. 그러나 특정한 한 가지 점에서 야곱은 그의 할아버지 아브라함과 비슷하다. 곧, 그는 20년을 하란, 그러니까 메소포타미아에서 보낸 뒤 이집트에서 삶을 마감하지만, 가나안 땅에 묻히게 될 것이다. 그와 같은 배경에서 한 본문이 특별한 의미를 가진다. 그 본문은 베텔에서 있었던 유명한 환시의 일부를 차지하는 단락이다. 하느님은 하란에서 살기 위하여 길을 가는 야곱에게 나타나서 "보라, 내가 너와 함께 있으면서 네가 어디로 가든지 너를 지켜 주고, 너를 다시 이 땅으로 데려오겠다. 내가 너에게 약속한 것을 다 이루기까지 너를 떠나지 않겠다"(창세 28,15)라고 말씀하신다. 우리는 이 본문을 유배의 길을 걸어가며 자기 땅으로 확실히 돌아올 것을 약속하는 하느님의 말씀을 듣는 백성의 조상, 야곱에게 하는 말씀으로 읽을 필요가 있다. 유사한 문맥에 나오는 또 다른 중요한 단락은 아들 요셉을 만나기 위해 이집트로 내려가려는 바로 그때 야곱에게 준 하느님의 신탁이다.

> 이스라엘은 자기에게 딸린 모든 것을 거느리고 길을 떠났다. 그는 브에르 세바에 이르러 자기 아버지 이사악의 하느님께 제사를 드렸다. 하느님께서 밤의 환시 중에 이스라엘에게 말씀하셨다. 하느님께서 "야곱아, 야곱아!" 하고 부르시자, "예, 여기 있습니다." 하고 그가 대답하였다. 그러자 하느님께서 말씀하셨다. "나는 하느님, 네 아버지의 하느님이다. 이집트로 내려가는 것을 두려워하지 마라. 내가 그곳에서 너를 큰 민족으로 만들어 주겠다. 나도 너와 함께 이집트로 내려가겠다. 그리고 내가 그곳에서 너를 다시 데리고 올라오겠다. 요셉의 손이 네 눈을 감겨 줄 것이다"(창세 46,1-4).

특히 하느님이 "너를 [이집트에서] 다시 데리고 올라오겠다"라고 말씀하는 마지막 부분에서, 이스라엘을 그의 이름을 지니고 있는 백성의 화신化身으로 볼 때에만, 이 신탁이 그 조상을 분명하게 가리킨다는 것을 알 수 있다. 이집트에서 '다시 올라오게 될' 사람은 성조 야곱-이스라엘이 아니다. 야곱은 거기에서 죽고 단지 그의 주검이 무덤에 묻히기 위하여 가나안 땅으로 돌아오게 될 것이다(50,1-14). 이집트에서 태어난 '많은 백성'이 나중에 모세의 인도 아래 다시 올라오게 될 것이다. 한마디로 말해, 우리는 여러 가지 긍정적인 이유로 야곱에게서 이스라엘 백성의 특징적인 모습을, 또 그의 생애 이야기에서 그 백성의 운명을 예표하는 요소들을 볼 수 있다. 야곱은 이 백성의 시조이다.

6) 요셉, 창세기의 '미국인'

요셉 이야기(창세 37-50장)는 여러 가지 방식에서 성조들 이야기의 나머지 부분들과 구별된다. 두드러지게 드러나는 요소 세 가지만 인용하겠다. 첫째, 이스라엘의 조상들에게 했던 하느님의 약속들은 더 이상 언급되지 않는다. 다만 나중에 첨가된 두 곳에서만 언급된다. 곧, 야곱에게 나타난 하느님의 발현(46,1-5: 요셉 이야기에서 유일한 하느님의 발현이다)과 이야기의 마지막 구절들(50,24-25)에서만 언급된다. 둘째, 동일한 하느님이 요셉과 관련된 일에서는 드물게만 개입하며(39,2-5.21 참조) 이야기의 주인공에게 절대로 직접 말하지 않는다. 그것은 하느님이 더욱 신중한 모습으로 드러나는 창세기의 이야기이다. 셋째, 요셉 이야기에서 외국에 산다는 것은 어떤 심각한 문제도 야기하지 않는다. 음식, 예배, 또는 혼인에 대한 어려움이 전혀 없다. 창세 41,45에서 요셉은 이집트 사제의 딸과 혼인한다. 아브라함이 자기 종에게 이사악의 결혼을 위하여 권고한 말이나(24,1-4), 레베카(27,46)와 이사악(28,1-2)이 야곱의 혼인에 대하여 권고한 말은 망각

속에 묻혀 버린 것 같다.

요셉 이야기는 문학적 관점에서 볼 때 오경의 다른 부분과도 구별된다. 설화 기법은 더욱 정교하고 심리학의 연구는 더욱 심원하며, 이야기의 구성은 더욱 정교하다. 우리는 이제 더 이상 민중 이야기의 세계에 있지 않으며, 당시의 위대한 문학 학파들과 가까운 환경에 있다.

그렇다면 요셉 이야기가 창세기의 마지막 부분에 나오는 이유는 무엇인가? 전문가들에 따르면, 두 가지 주요한 이유가 있다. 첫 번째 이유는, 요셉 이야기가 이집트 탈출 이야기의 시작 때 이스라엘이 이집트에 살고 있는 이유를 만족스럽게 설명해 준다는 것이다(탈출 1,1-7 참조). 형제들 사이의 분쟁, 요셉의 이집트 도착, 요셉이 파라오의 궁정에서 쌓은 경력, 기근, 형제들과 요셉의 만남, 모든 가족이 이집트로 내려와서 요셉의 환대를 받음, 이 모든 것이 이집트 탈출 이야기의 탁월한 서문을 제공한다.

두 번째 이유는 순서가 완전히 달라진 점이다. 그래서 요셉 이야기를 그것의 역사적 맥락에 재배치하는 게 필요하다. 사실 요셉의 운명은 약속의 땅 밖에 사는 '디아스포라' 히브리인의 생애를 묘사한다. 요셉은 이집트 파라오의 궁정에서 가장 중요한 자리를 차지할 정도로 매우 강력한 인물이 된다. 현대적인 말로 표현하면, 그는 '성공한' 이민자이다. 오늘날 우리는 그를 두고 '미국에 사는 아저씨' 또는 '미국에 있는 사촌'이라고 부를 수 있을 것이다. 요셉은 운이 좋고 부자이며 권위가 있고 조국에 남아 있는 가난한 가족을 도울 능력을 가지고 있다. 창세기에서 이 가족은 기근과 비천한 처지에서 벗어나기 위하여 그를 만나러 '미국', 달리 말해 이집트로 간다.

요셉 이야기는 이런 배경에서 본질적 사실을 드러낸다. 곧, 이방인의 나라인 '디아스포라'에서 히브리인으로서 잘 살 수 있다는 것이다. 곧 조국에서보다 더 잘 산다. 야곱 가족의 생존은 사실상 번영한 나라에 강제로 간 '이민자' 요셉의 '성공'에 달려 있다.

위에서 언급한 두 가지 외에 한 가지 이유를 더 덧붙일 수 있다. 이 단락을 문학적으로 연구한 결과 이 셋째 이유가 명확하게 드러난다. 요셉 이야기의 근본 메시지 중 하나는 독자 스스로 자신에 대해서 보도록 초대한다는 점이다. 요셉 이야기는 아버지와 그의 자녀들, 그리고 아들과 그의 형제들 사이의 가족 분쟁을 묘사하고 있다. 그러나 이 이야기는 갈라진 가족의 화해와 재결합으로 잘 마무리된다. 훗날 이스라엘의 역사에서도 북쪽과 남쪽 사이뿐 아니라, 다양한 공동체 내부에서도 자주 내적 분쟁이 일어날 것이다. 요셉에게서 분쟁이 잘 마무리되었듯이, 이 이야기는 백성이 유사한 상황에 처할 때마다 희망을 주고 용기를 북돋아 준다. 끝으로, 권력은 억압하는 데에만 사용되는 것이 아니라, 가족과 백성 가운데 도움을 필요로 하는 이들을 구하고 그들에게 봉사하는 데에도 도움이 된다는 것을 드러낸다. 권력의 맛, 증오, 시기, 그리고 질투는 항상 성공하는 것도 아니며, 피할 수 없는 것도 아니다.

3. 이집트 탈출과 이스라엘의 '독립선언'

1) 이스라엘의 토대가 되는 경험

이집트 탈출 이야기는 분명히 이스라엘 백성에게 최고의 '이야기'이다. 이집트 탈출은 '건국신화' 또는 '토대가 되는 경험'이라고 말할 수 있다. 족보의 원칙과 혈연의 결속을 앞세우는 성조들의 이야기와는 반대로, 이집트 탈출 이야기는 그들의 정체성을 드러내는 다른 원칙, 곧 자유로운 선택과 '사회적 협정'의 원칙을 명확히 드러낸다. 이 밖에도 - 또한 이 요소를 강조할 필요가 있다 - 성조들에게 일어나는 일들은 개인, 가족, 또는 기껏해야 야곱의 부족과 같은 부족에 초점이 맞추어져 있다. 이와 반대로, 이집트 탈출 이야기는 백성에게 집중한다. 그것은 집단 체험이며 백성의 첫 세대가 살았던 공동의 '역사'이다. 이 밖에도 '건국신화'는 탈출 12장에 묘사된 파스카 축제를 예배의 기준으로 삼고 있다. 이 파스카 축제는 모든 세대로 하여금 이집트를 탈출한 경험을 되살리고 다시 현실화하게 해 준다.

간략한 연구 맥락에서 우리가 먼저 제기해야 할 질문은 다음과 같다. 곧, 이집트 탈출이 이스라엘의 '건국신화'가 된 이유는 무엇인가? 다른 창건 신화들과 조금만 비교해 보아도 이집트 탈출 이야기는 유일무이한 그 무엇을 가지고 있음이 드러난다. 사실, 기원전 753년 로마의 경우에서 볼 수 있는 것처럼, 한 백성의 역사는 자신의 첫 번째 중요한 왕조 또는 도시의 창건으로 시작되는 경우가 많다. 오늘날에는 국가의 독립과 함께 그 역사가 시작된다.

그러나 국가의 역사가 예기치 않은 효과를 지닌 상징적 사건으로 시작하는 경우도 있다. 스위스의 빌헬름 텔의 전설을 모르는 사람은 없다. 우리에게 잘 알려져 있는 '보스턴 차 사건'은 영국에서 차를 독점 수출하면서 펼치는 상업 정치에 항거하기 위하여 1773년 12월 16일에 벌어졌다. 45톤에 달하는 차茶를 바다에 버린 것이 많은 역사가의 눈에는 미국 독립 전쟁의 신호탄으로 비춰졌다. 1789년 7월 14일 파리의 바스티유 감옥을 습격한 사건 역시 프랑스 혁명에서 유사한 의미를 가지고 있다. 콜롬비아에서는 1810년 7월 20일 보고타의 한 꽃집 주인이 스페인 왕의 대리자인 부왕의 도착을 축하하는 자리에 무료로 꽃을 내놓으려 하지 않았다. 이 사건은 나라 안에서 독립주의자들의 운동을 촉발한 촉매로 여겨진다. 마하트마 간디가 주도한 소금 행진(1930년 3월 12일)은 인도인들에게 깊은 영향을 주었으며 결국 1947년 인도의 독립을 이끌어 냈다. 간디는 단순히 대영제국 사람들이 정부로부터만 소금을 살 수 있도록 규정한 소금법을 불의한 것으로 판단하고 평화적으로 저항하고 싶었던 것뿐이다.

방금 인용한 사건들이 일어난 시기와 그 역사적 맥락에는 차이가 뚜렷하지만, 이집트 탈출 이야기도 유사한 의미를 가지고 있다. 물론, 우리는 성경 이야기의 역사적 가치가 무엇인지를 알지 못한다. 우리는 단지 엄청난 상징적 무게를 측정할 수 있을 따름이다. 이집트 탈출 이야기는 이스라엘 역사에서 유일무이한 가치를 지닌다. 그것은 땅을 정복하고 필리스티아인들을 무찌른 사울과 다윗의 승리, 다윗의 예루살렘 점령, 그리고 솔로몬의 성전 건축보다 더욱 중요하다. 주님은 "이집트 땅에서부터 주 너의 하느님이다"(호세 12,10; 13,4).

어떤 동기에서인가? 상당한 위험 부담을 안고 말한다면, 이방인들의 세력, 곧 이집트, 아시리아, 바빌로니아, 그리스, 로마에 예속된 이스라엘의 되풀이되는 역사에서 이집트 탈출이 크게 인기를 얻은 이유를 찾아볼 수 있다. 이방인의 멍에에서 해방되는 것은 이스라엘 역사의 여러 시기에 걸친 강력한 염원이었다. 자기 백성에게 일어나는 일은 대부분 운명주의의 유혹을 벗어나려는 해방 이야기로 시작한다. 이집트 탈출 이야기는 이스라엘이 자유로운 백성으로 태어났다고 말한다. 만약 이스라엘이 항상 자유롭지 않았다면, 그것은 이스라엘의 운명이기 때문이 아니라, 환경 때문이라는 것이다. 이스라엘은 종들의 백성이 아니다.

탈출 1-15장 이야기의 다른 요소들은 이스라엘의 집단적 기억을 위하여 대단히 중요하다. 내가 말하고자 하는 것은 이집트에서 이루어진 해방의 양태이다. 종살이로부터 해방된 것은 폭력 행위의 결과가 아니었다. 모세는 파라오에 반기를 드는 혁명을 설계하기 위하여 백성을 무장시키지 않았다. 모세는 테러 행위나 게릴라전을 하지도 않았다. 그때 이집트에 이미 알려져 있던 파업이라는 무기조차 사용하지 않았다. 백성을 해방하기 위하여 모세가 사용한 유일한 도구는 설득이었다. 모세와 아론은 파라오에게 가서 말하였다. 그리고 그들은 강력한 논거로 이른바 '이집트의 재앙'을 사용하였다.

이 재앙에 대해서는 많은 주장이 있다. 나는 여기에서 당시의 정신 세계에 상응하는 아주 단순한 해석을 제안한다. 이집트의 재앙들은 기껏해야 나일강이 있는 나라에 잘 알려진 현상들이라는 것을 전문가들은 자주 그리고 기꺼이 보여 주려고 한다. 예를 들어, 나일강물은 매년 홍수 때마다 피로 변한다. 사실 나일강물은 아스완댐을 건설하기 전에 강 주변의 모든 평야를 비옥하게 하던 붉은색 또는 밤색 진흙을 옮겼다. 개구리와 곤충(특히 메뚜기)의 습격, 가축병, 전염병, 모래 폭풍으로 인한 어두움은 이집트에 공통된 현상들이다. 우박만 특히 드물 뿐이다. 아마도 이런 이유 때문에 탈출 19,13-35 이야기가 다른 이야기들보다 훨씬 더 상세하다고 본다. 즉시 설명하기 어려운 현상인 맏아들의 죽음에 관하여 말하자면, 여기에 대해서 말하는 첫 번째 본문(탈출 4,23)은 왕조 계승에 근거하는 정치제도에서 하나의 비극으로 여겨지는 파라오 맏아들의 죽음만 언급한다는 것을 기억할 필요가 있다. 그러므로 탈출 12,29-34 이야기는 원래의 이야기를 전형적으로 미화시킨 형태이다.

묘사된 사건들은 모두 일정한 형식을 활용하여 이야기한 자연현상들이다. 모세의 주요 논거-그리고 이집트 탈출 이야기-는 아주 쉽게 이해할 수 있다. 곧, 파라오는 자연에게 명령할 능력이 없었다. 그러므로 파라오의 권력은 제한적이며 절대적이지 않다. 신하들에 대한 그의 권력 역시 제한적이다.

　이 기본적인 진실의 마지막 표출은 이른바 '바다의 기적'을 전하는 탈출 14장에서 제시된다. 알려진 바와 같이, 현재의 본문은 두 개의 이야기가 합쳐진 것으로, 한 이야기는 동쪽에서 불어오는 강풍으로 인한 만조를 묘사하고 있고, 다른 이야기는 물이 만들어 낸 벽 사이로 이스라엘인들이 바다 한가운데를 지나가고 이집트인들 위에는 바닷물이 쏟아져 그들을 삼켜 버리는 것을 묘사하고 있다. 그런데 두 이야기는 본질적인 한 지점에서 일치한다. 곧, 파라오의 막강한 군대는 바다에 의해 패배한 것이지, 이스라엘인들에게 패배한 것이 아니라는 점이다. 결국 이집트의 놀라운 군사적 힘보다 더 큰 힘이 존재한다는 것이다. 그것은 곧 하느님에게만 속하는 자연-창조-의 힘이다. 이집트 탈출 이야기에는 자유와 인간의 존엄성, 권력과 그 한계에 관한 심원한 성찰이 있다. 곧 그것은 보편적 메시지를 포함하고 있다. 자유는 양도할 수 없는 선이어서 어떤 인간의 권력도 그것을 억압할 권리를 가지고 있지 않다.

2) 광야에서 체류한 것인가, 오랜 기다림의 시험인가?

이스라엘은 40년 동안 광야에 머문다. 이는 구약성경에서 가장 견고한 자료들 가운데 하나이다(예를 들어 시편 95,10; 아모 2,10; 5,25 참조). 민수 13-14장에 따르면, 이스라엘이 그토록 오랫동안 광야에 체류하게 된 것은 그들이 땅 정복을 거부하여 하느님께서 벌을 내리셨기 때문이다. 그러나 우리가 제기해야 할 첫 번째 질문은 오경의 가장 긴 부분의 기본 틀이 광야로(탈출 15-신명 34장) 되어 있는 이유가 무엇이냐는 것이다. 어떤 면에서 볼 때, 광야는 오경의 참된 '장소'이다. 광야는 이상적인 장소가 아니며 이상화하는 것도 경계할 필요가 있다.

그 대답은 약속의 땅을 향해 나아가는, '광야'에 있는 대다수 이스라엘 백성이 처한 상황에서 다시 찾아야 한다. 물론 그들은 자유롭지만, 아직 조국에 도착하지 않았다. 그것은 '디아스포라'에 사는 이스라엘 사람들의 조건이지만, 약속의 땅에 거주하고 있는, 그러나 외국 정부의 지배 아래 살고 있는 사람들의 조건이기도 하다. 그들은 과도기 상태, '아직 아닌' 상태에 살고 있다. 광야에서 체류한 이야기들을 과거 시기의 기억으로 읽어서는 안 된다. 그 이야기들은 과거의 빛에 비추어 현재를 해석하거나 다시 읽은 표현이다.

이 이야기들 가운데 다수가 '기적' 이야기이며, 특히 적대적 지역에서 물과 음식을 발견하게 된 일을 묘사한다. 또 다른 다수의 이야기는 광야에서 이스라엘이 한 '불평', 달리 말해 자신들의 하느님과 자신들의 대표인 모세와 아론을 거슬러 일으킨 이스라엘의 반역에 대해 말한다.[9] 이 두 가지 측면은 집중할 만한 가치가 있다.

기적 이야기들은 대상隊商들이나 도보 여행자들에 의해 전해진

---

9) 탈출 15,24; 16,2.7; 17,3; 민수 11,1; 14,2.36; 16,11; 17,6; 20,3; 21,5 참조.

각종 지역 전승에서 기원하였을 개연성이 대단히 높다. 창세기에는 이미 광야의 유명한 대상이었던 이스마엘인들의 조상인 이스마엘의 어머니 하가르의 일화를 전하는 부분에 유사한 이야기들이 나온다(창세 16,1-14; 21,8-21). 우물, 오아시스, 바위, 지명은 그와 같은 일화와 전설에서 기원하는 경우가 잦다. 많은 이야기가 처음 생겨날 때에는 광야의 험난한 생존 여건에서 당신 백성을 살리기 위해 하느님이 일으키신 기적을 이야기하는 단순한 형태였을 가능성이 매우 높다. 메시지는 명백하다. 이스라엘은 대단히 불안전한 상황에서도 살 수 있으며, 이스라엘의 하느님은 항상 이스라엘을 구원할 능력을 가지고 있다는 것이다.

불평 이야기들은 광야 체류 이야기에 부정적 색채를 입힌다. 그러나 이는 후대의 발전과 연관되어 있다고 말해야 한다. 광야에서 체류한 때를, 예를 들어 호세아와 예레미야는 목가적 시기로 본다(호세 2,16-17; 12,10; 예레 2,2-3). 이런 긍정적 시각이 에제 20,11-16과 느헤 9,16-17에서만 부정적으로 바뀐다. 그 이유는 무엇일까? 여기에서 다루는 시기는 유배 이후 시기이며, 이스라엘이 현재의 몇몇 문제를 과거에 투사하고 있기 때문이다. 특히 '모세의 율법'을 가지고 유배에서 돌아온 엘리트들과 이런 규정들에 따라 살기를 거부하는 일부 민중 사이에 분쟁이 있기 때문이다. 에즈라기와 느헤미야기는 이 분쟁을 길게 묘사하고 있다. 에제키엘서 역시 유배자들의 관점을 반영한다. 위에서 언급한 두 본문(느헤 9,16-17과 에즈 20,11-16)이 모두 똑같은 비난을 포함하고 있다는 사실이 의미심장하다. 이스라엘은 광야에서 주님의 계명에 순종하기를 거부하였다는 것이다.

광야의 이야기들과 느헤 9,17에서 자주 언급된 반역의 두 번째 동기는 이집트로 돌아가려는 항구한 염원, 또는 더욱 단순하게 말해 이집트에 대한 향수이다.[10] 우리는 이 본문들에서 이스라엘에서의 삶이 너무 고되기 때문에 메소포타미아(또는 이집트)에 남으려는 많은 이스라엘 백성의 뜻을 읽을 수 있다.

광야에서 체류하던 때에 주의를 기울일 필요가 있다. 곧 이스라엘의 첫 번째 반역인 금송아지 이야기를 묘사하는 탈출 32장에 주의를 기울일 필요가 있다. 복잡한 본문 때문에 다양한 해석이 제시되었으나, 그것은 시나이 계약을 체결한 뒤에 생겨난 이스라엘의 '원죄'이다. 이스라엘의 죄는 무엇인가? 성경의 관점에서 볼 때, 하나의 표상을 만들어 놓고 그것을 하느님으로 생각한 것이었다. 여하튼 송아지는 고대 근동에서 대단히 공통적인 표상이다. 이스라엘의 죄를 더욱 현실적으로 해석하여, 이스라엘은 이집트 탈출 이야기를 고정된 상징으로 대체하려 한다고 말할 수 있다. 아론이 백성에게 금송아지를 제시하면서 "이스라엘아, 이분이 너를 이집트 땅에서 데리고 올라오신 너의 신이시다"(탈출 32,4)라고 말하는 것이 그렇다. 이와 달리 탈출 3장에서 하느님은 불타는 떨기 속에서 모세에게 다음과 같

---

[10] 탈출 14,11-12; 16,3; 17,3; 민수 11,4-6; 14,2-4; 16,12-14; 20,4-5; 21,5 참조.

이 말했다. "너는 이스라엘 자손들에게, '너희 조상들의 하느님, 곧 아브라함의 하느님, 이사악의 하느님, 야곱의 하느님이신 주님[야훼]께서 나를 너희에게 보내셨다' 하여라. 이것이 영원히 불릴 나의 이름이며, 이것이 대대로 나의 기억이다"(탈출 3,15 직역). 하느님을 '대표하는' 두 가지 방식은 대단히 다르다. 금송아지의 경우, 그것은 금속으로 만든 표상이다. 탈출 3장의 경우, 그것은 한 역사와 사명, 곧 모세의 사명에 대한 기억이다. 말할 필요도 없이, 표상은 신성神性의 다양한 측면을 상기시킨다. 그리고 역사와 사명을 기억하는 것은 계속 역사를 기록하고 같은 사명에 참여하도록 호소하기 위함이다.

3) 우리는 '우리의' 율법을 가지고 있다!

이스라엘의 율법은 오경에서 상당한 부분을 차지한다. 히브리 전통에서 오경은 '토라'(Tora), '가르침', '훈육', '율법'이라고 불린다는 사실을 우리는 잊지 않고 있다. 신약성경도 오경을 인용할 때 '법/율법'이라고 말한다.[11] 사실 히브리 세계는 오경의 법적 측면을 특권적으로

---

[11] 마태 5,17; 7,12; 11,13; 22,40; 루카 2,22.24.27.39; 16,16; 23,56; 요한 1,17; 7,19.23.49; 19,7; 사도 6,13; 7,53; 13,38; 15,1.5; 21,28; 23,3; 25,8; 로마 2,12-14.25.27; 3,19.27.31; 4,15; 5,20; 6,15; 7,1.7-9.12.14.23; 8,2-3; 9,4; 13,8; 1코린 9,8; 14,34; 15,56; 갈라 2,14.19; 3,5.12.17.19.21.24; 4,21; 5,3-4.14.18.24; 6,2.13; 1티모 1,8-9; 히브 7,5.16.19.28; 8,4; 9,19.22; 10,1.8.28; 야고 1,25; 2,8.10; 4,11.

내세우지만, 그리스도교 세계는 항상 법에 대해 언급하는 것을 좋아하였다. 오늘날에도 그리스도인들은 구약성경의 법/율법에 대하여 어느 정도의 반감 - 또는 분명한 반감 - 을 가지고 있다. 자주 반복적으로 인용되지만 항상 본래 의미로 이해하지 않는 한 단락에서 사도 바오로는 "우리가 율법 아래 있지 않고 은총 아래 있으니"(로마 6,15)라고 말한다. 그렇다면 왜 우리는 오경에서 다양한 법 수집물들, 그것도 동질성을 갖지 않은 법 수집물들을 볼 수 있는가? 질문에 대답하기 전에 이스라엘 법 제정의 몇몇 측면을 최대한 정확하게 분석하는 게 도움이 된다.

우리는 오경의 주요 법들 가운데에서 두 개의 십계명(탈출 20,1-17; 신명 5,6-21), 계약 법전(탈출 20,22-23,32), 성결법(레위 17,1-26,46), 그리고 신명기 법전(신명 12,1-26,19)을 기억한다. 이 주요 수집물들 외에 덜 알려지고, 덜 중요한 다른 수집물들도 존재한다. 예를 들어 이른바 예식 십계명(탈출 34,10-27), 각종 제물에 관한 법(레위 1,1-7,38), 정결과 부정에 관한 법(11,1-15,33), 속죄일에 관한 법(16장), 서원과 십분의 일에 관한 몇 가지 법(27장)이 있다. 민수기에도 수많은 법이 있는데, 예를 들어 정결에 관한 법(민수 5,1-4), 잘못에 대한 배상(5,5-10), 간통 혐의를 받은 여자에 관한 법(5,11-31), 나지르인에 관한 법(6,1-21), 제물에 관한 법(15,1-21), 실수로 지은 죄에 관한 법(15,22-31), 사제의 직무에 관한 법(18,1-19), 레위인의 몫에 관한 법(18,20-32), 부정의 경우에 사용할 '붉은 암소'의 재에 관한 법(19,1-22), 상속권에 관한 법(27장), 특정 제물들에 관한 법(28장), 일곱 째 달에 봉헌해야 할 제물들에 관한 법(29장), 맹세에 관한 법(30장), 레위인들의 성읍에 관한 법(35,1-8), 도피 성읍 또는 피의 보복에 관한 법(35,9-34), 딸들의 상속에 관한 법(36장)이 여기저기에 존재한다.

4) 민법民法인가, 신법神法인가?

이스라엘 입법의 가장 큰 특성은, 곧 고대 세계의 법 수집물들과 반대로, 오경이 민법(ius)과 신법(fas)을 하나로 통합한다는 것이다. 그 이유는 무엇일까? 무엇보다 먼저 이 점이 오경의 여러 특성 가운데 하나라는 점을 지적할 수 있다. 이스라엘에는 신법과 민법 사이에 본질적 차이가 존재하지 않는다. 우리는 이를 두 가지 다른 양식으로 이해할 수 있다. 이스라엘에서 모든 삶은 '하느님에 대한 봉사', 달리 말해 '전례'라고 말할 수 있을 것이다. 자기 하느님에 의해 이집트의 종살이에서 해방된 백성에게 유일한 참된 군주는 그들 자신의 하느님이다. 이런 이유 때문에 공공 생활의 여러 측면이 모두 하느님의 현존과 신성한 것의 현존으로 채워져 있다. 똑같은 이유로, 이스라엘의 법에는 잘못이나 범죄가 죄와 동등하게 취급되는 경우가 흔하다. 그리하여 법을 위반하는 것은 항상 어떤 식으로든 신을 모욕하는 것이 된다.

그러나 만약 우리가 백성의 관점에서 본다면, 하느님께 봉사하는 데에 특별히 훈련된 사제 집단은 물론, 모든 구성원이 예배에 관여되어 있다. 백성의 삶 전체가 '전례'이며 모든 이가 하느님께 봉사하고 있다. 그러므로 모두가 각기 어떤 식으로든 하느님께 예배를 드려야 할 '사제'이다. 탈출기의 한 본문은 전략적 지점이라고 할 수 있는 시나이 신현의 바로 그 시작 부분에서 이 진리를 명확하게 표현하고 있다. "너희는 나에게 사제들의 나라가 되고 거룩한 민족이 될 것이다"(탈출 19,6). 이 표현은 여러 갈래로 해석할 수 있다. 그러나 한 가지 사실은 확실하다. 곧 하느님은 모세를 통하여 백성 전체에게 말하며, 계약을 지키는 한, 새로운 위엄을 세워 준다는 것이다(탈출 19,5 참조). 본문에 사용된 표상은 매우 단순하다. 당시의 군주들은 한 지역과 그곳 주민들을 통치하였다. 그들은 하나 또는 여러 왕궁을, 또 '국유재산'과 자체의 노예들을 가지고 있었다. 탈출 19,3-6에 따르면, 하느님은 세상 전체와 그 안에 사는 주민 모두를, 즉 세상의 모든 국가를 군주처럼 통치한다(탈출 19,5ㄴ). 그러나 당신에게만 봉사하도록 별도로 하나의 국가를 남겨 두었으니, 그 국가가 바로 이스라엘이다.

우리는 이를 다른 식으로도 말할 수 있을 것이다. 고대 세계에서 모든 신은 지역 주민 모두의 신이라고 할 수 있다. 그럼에도 불구하고 모든 신은 자기 성전과 자신의 봉사에 특화된 자기 사람들을 가지고 있다. 하느님은 이스라엘의 하느님인 동시에 온 우주의 하느님으로서 당신을 예배하고 당신에게 봉사하도록 한 국가를 남겨 두었고, 그 결과 이스라엘은 사제들의 나라가 된다. 이런 이유 때문에 이스라엘은 신법과 민법을 통합한다. 곧, 이스라엘에서 예배는 모든 사람의 일이지 사제 계급만의 일이 아니다.

5) 법은 왜 광야에서 선포되는가?

이스라엘의 모든 법은 시나이산이나 광야에서 선포되었다. 동일한 하느님에 의해 선포되고 동일한 모세에 의해 전수되었다. 그러므로 이스라엘의 법은 '유배 정부'에서 제정한 것이 아니라, '광야 정부'에서 제정한 것이다. 이스라엘에게 광야 체류는 '규범적 시기'이며 광야는 '규범적 장소'이다. 이 사실은 매우 놀라운 일이다. 고대 근동에서 법은 나라 안에서 나라의 군주에 의해 선포되었다. 이스라엘에서는 법이 나라 밖에서 선포되었으며, 임금이 아니라 예언자에 의해 선포되었다. 사실 '다윗의 법'이나 '솔로몬의 법'은 존재하지 않는다. 모세의 법만이 존재한다.

 이와 같은 유일무이한 사실은 이스라엘 왕정의 불명예와 연결되어 있다고 설명할 수 있을 것이다. 왕정은 아시리아와 바빌로니아의 침공으로 소멸되었으며 결코 참으로 재건된 적이 없었다. 고대 세계에서, 또 성경의 세계에서도 어떤 법을 소멸된 제도에 속한다고 말하기는 어려웠다. 그러나 계속해서 그 법에 따라 살기를 원할 때에는 그 법을 정당화하기 위한 방식을 찾을 필요가 있었다. 해결은 단순하였다. 곧 그 법은 왕정과 더불어 사라지지 않았다고 말하는 것이다. 왜냐하면 그 법은 왕정보다 더 오래된 것이기 때문이다. 이스라엘은 사울과 다윗의 왕정보다 더욱 오래되었다. 법은 약속의 땅에 연결되어 있지도 않았다. 그러므로 백성이 자기 땅 밖에서 살든, 진정한 자율권을 갖지 않으면서 살든, 그 법은 여전히 유효하다. 이스라엘에서 법은 속지법이기보다 속인법에 훨씬 가깝다.

이스라엘은 이 모든 것이 자기 법인 토라에 굳게 매여 있음을 증명한다. 오늘의 그리스도인은 이런 것에 대해 놀랄 수 있다. 그러므로 그런 사고를 이스라엘의 역사적 맥락에 재배치하는 것이 대단히 중요하다. 법을 소유한다는 것은 참된 국가라는 것을 뜻한다. 이런 이유 때문에 이스라엘은 두 가지 본질적 사실, 곧 법을 가지고 있다는 것과 그 법이 고대의 것이라는 사실을 입증하기 위하여 오경에서 법 전체를 통합하였다. 그렇기 때문에 이스라엘은 주변 다른 국가들과 동일하게 고대의 국가이다. 이 밖에도, 다른 국가들이 정복과 문화 또는 기념비로 자부심을 갖는 것만큼, 이스라엘은 자기 법에 대해 자부심을 가지고 있다. 이 점을 가장 명백하게 표현하고 있는 신명 4,8은 다음과 같이 말한다. "또한 내가 오늘 너희 앞에 내놓는 이 모든 율법처럼 올바른 규정과 법규들을 가진 위대한 민족이 또 어디에 있느냐?"

오경에 조화롭지 않게 수집된 법 수집물이 많이 있는 이유를 달리 이해할 수도 있다. 오경의 첫째 목적은 모든 장소와 모든 시기에 유효한 하나의 법을 백성에게 주려는 것이 아니다. 제일의 목적은 이스라엘이 법을 지닌 국가라는 증거를 이스라엘에게 알려 주려는 것이다. 오경에는 이스라엘의 법률 문서고가 포함되어 있다고 말할 수 있다. 이를 더욱 현대적 어휘를 사용하여 표현한다면, 오경에는 이스라엘의 실정법이 포함되어 있지 않다고 말할 수 있을 것이다. 오경은 적용할 수 있는 일련의 법, 또는 법관들에 의해 실제로 적용되었던 일련의 법을 수집한 작품이라기보다는 오히려 참조할 수 있는 작품이다. 예를 들어 나봇의 재판(1열왕 21장), 예레미야의 재판(예레 26장), 또는 보아즈와 룻의 혼인 때 있었던 일과 같이 재판과 연관된 어떤 본문에도 오경의 법조문들에 나오는 소송이 나오지 않는다. 일상 삶에서는 관례법과 판례법이 유효하였다. 에즈라기와 느헤미야기에만 "쓰여 있기를"이라고 지적하는 법, 달리 말해 명확하게 성문법이라 할 수 있는 법을 적용하는 본문들이 있다. 그러나 문제의 단락들을 세밀하게 연구하면, 모든 본문이 해석되었다는 것과 법을 문자적으로 적용한 경우가 거의 또는 전혀 없었다는 사실이 드러난다.

4. 예언자 모세

왜 이스라엘의 창시자요 법 제정자로 다른 사람이 아닌 모세를 선택하는가? 그리고 모세는 누구인가? 우리는 앞에서 이스라엘의 법 제정이 왕정보다 앞서며 약속의 땅에 들어간 것보다도 앞서는 이유를 살펴보았다. 법-토라-의 중재자도 왕정보다 앞서며 약속의 땅에 들어가기 이전의 인물이어야 한다. 이스라엘의 전통은 모세라는 이름의 인물을 알고 있었던 것으로 여겨진다. 역사적 관점에서 볼 때, 모세에 관하여 알려진 것은 하나도 없다. 단 하나의 표상으로 말한다면, 성경의 모세는 역사의 모세를 항상 감추고 있는 거대한 존재이다. 우리는 모든 것이 다 날조된 것은 아니라고 말할 수 있을 뿐이다. 또한 그럴 가능성도 별로 없을 것이다. 성경의 세계에서도 소크라테스 이전의 철학자 아낙사고라스가 표현한 것과 동일한 원칙이 유효하다. 곧 "아무것도 창조되지 않고, 아무것도 파괴되지 않으며, 모든 것이 변형된다."

모세로 되돌아가 보자. 나는 서너 가지 요소로 역사 비평에 이의를 제기할 수 있다고 생각한다. ① 모세는 아마도 축약된 형태로서 '~의 아들', '~에게서 태어난'을 의미하는 이집트 이름을 가지고 있다. 라메세스(라 신의 아들), 투트모시스(토트 신의 아들), 아흐모시스(아흐 신의 아들)라는 이름에서 동일한 어근을 볼 수 있다. 만약 이스라엘이 자신의 창시자를 만들어 냈다고 한다면, 이스라엘은 틀림없이 이집트 이름이 아니라 셈족의 이름을 부여했을 것이다. ② 모세는 이방인 여자와 결혼한다(탈출 2,21; 민수 1,21). 그런데 모세 자신이 선포한 법은 이방인 여자들과의 결혼을 금지한다(신명 7,3-4). 십중팔구 이 요소 역시 만들어지기는 어려웠을 것이다. ③ 모세는 미디안인들과 관계를 맺고 있다(탈출 2,15-16; 3,1; 18,1; 민수 10,29). 그런데 미디안인들은 이스라엘이 가장 심하게 증오하는 원수들 중 하나이다(판관 6,1-6). 모세와 미디안인의 관계에 대한 언급은 십중팔구 고대의 한 전승에서 유래하는 것이며 후대의 저술가들에 의해 고안된 것이 아니다. ④ 모세는 약속의 땅 밖에서 죽는다(신명 34,5). 모세가 왜 약속의 땅에 들어갈 수 없는지를 설명하려고 시도하는 본문이 여럿이다. 그러나 어떤 본문도 완벽하게 만족할 만큼 이 사실을 설명하지 못한다(민수 20,1-13; 신명 1,37-38; 3,23-28; 4,21-22). 모세로 하여금 약속의 땅을 밟게 하는 것이 더 쉬웠을 것이다. 이 밖에도 유배자들의 귀환을 반대하는 주민들은 "모세가 광야에 머물렀듯이 여러분도 광야에 그대로 머물러 있으십시오"라고 말할 좋은 이유가 있었을 것이다! 모세는 광야에 속하는 인물이지 약속의 땅에 속하는 인물이 아니다. 모든 전통이 단 하나의 이야기에 결합되었을 때, 광야에서 백성을 교육시켰을 뿐 그들이 약속의 땅에 들어갈 때 함께 들어가지 않은 모세의 죽음에 관한 질문이 생겨났다. 이 자료는 인위적으로 만들어질 수 없었다고 생각한다.

두 번째로, 모세에게는 강조할 만한 중요한 점이 있다. 모세는 임금이 아니다. 모세는 어떤 왕국도 창설하지 않으며 군대나 경호단도 없다. 모세는 홀이나 왕관 등 왕정의 어떤 상징도 가지고 있지 않으며, 왕궁도 왕좌도 없다. 모세는 예언자다. 하느님이 예언적 소명의 전형적 장면에서 모세를 부를 때, 모세는 비로소 자신의 여정을 시작한다(탈출 3,1-4,18). 다른 한편, 모세가 죽은 뒤에 모세에 관하여 발설된 마지막 말은 모세를 다음과 같이 묘사한다. "이스라엘에는 모세와 같은 예언자가 다시는 일어나지 않았다. 그는 주님께서 얼굴을 마주 보고 사귀시던 사람이다"(신명 34,10). 모세는 단지 여러 예언자 가운데 한 사람이 아니라, 이스라엘의 모든 예언자 가운데 가장 위대한 예언자다. 이 말이 그의 무덤에 새겨진 묘비명이다. 선택은 아무렇게나 이루어진 것이 아니다. 간단히 말해, 이스라엘에서 구원은 임금들이나 군대의 대장들에게서 오지 않는다. 구원은 예언자들에게서 오며, 특히 예언자들 가운데 가장 위대한 모세에게서 온다. 이런 이유 때문에 이스라엘의 역사는 '예언 역사'이며, 원칙적으로 예언자들에 의해 쓰인 역사이고 예언 메시지를 가지고 있는 역사이다. 우리는 예언 메시지를 이른바 '예언서들' 안에서 찾게 될 것이다. 예언 메시지는 단순하다. 이스라엘은 지도자들이나 막강한 군주들에게서, 예외적 문화나 무적의 군대에게서 구원을 기대해서는 안 된다는 것이다. 이스라엘의 구원은 모세의 법을 지키는 데에 있다는 것이 예언 메시지이다.

예언서들의 문제들을 살펴보기 전에, 먼저 우주의 기원에 할애된 창세기의 첫 장들(창세 1-11장)에 관하여 한마디 하는 게 좋겠다.

5. 기원 이야기: '우리' 하느님과 우주의 창조주
(창세 1-11장)

나는 창세기의 첫 장들을 이 도입글의 마지막 부분에 이르기까지 언급하지 않고 남겨 두었다. 이 선택이 옳다는 것을 즉시 밝힐 수 있는데, 창세기의 이 장들은 오경에서 가장 나중에 쓰인 장들에 해당하기 때문이다. 우리는 때때로 저자가 자신의 작품을 모두 마친 뒤에 비로소 그 작품의 서론이나 머릿글을 쓴다는 것을 알고 있다. 이와 마찬가지로 창세기를 시작하는 첫 장들은 나중 시기에 편찬되었음에도 불구하고, 우리가 가장 먼저 읽는 대목이 되었다. 이 장들이 가지고 있는 문제점 역시 더욱 늦은 시기의 문제이다. 달리 말해 한 백성은 자신을 둘러싸고 있는 우주에 관하여 질문하기 전에 먼저 자신의 기원과 운명에 관하여 질문한다. 예를 들어, 우주와 인류의 기원에 관한 물음들은 이집트와 메소포타미아에서 대제국들이 처음 세워지면서 생겨났다. 물론 기원에 관한 물음은 어느 곳에나 존재하지만, 그 형태는 다양하다. 특별히 한 피조물의 탄생에 관해서나 특정한 대상의 발명에 관한 이야기들이 있다. 인간 존재와 부부의 기원에 관한 이야기들도 존재한다. 그러나 창조 또는 모든 것을 포함하는 우주의 기원을 묘사하는 이야기들은 후대의 작품이다.

우주의 기원에 관한 성경 이야기들은 근본적으로 세 국면을 묘사한다. 시작하는 첫 번째 국면은 세상과 인류의 첫 단계들을 묘사한다(창세 1-5장). 두 번째 국면은 우주의 첫 번째 큰 위기, 곧 홍수를 이야기한다(6-9장). 세 번째 국면은 홍수 바로 다음부터 이스라엘의 조상인 아브라함의 출현에 이르기까지 인류의 이야기에 할애된다(9-11장). 그러므로 현재의 세상은 하느님이 처음에 창조하신 그 세상이 아니다. 현재의 세상은 홍수를 거친 세상이며 노아와 그의 가족과 더불어 다시 시작된 세상이다.

이스라엘에서 세상의 기원을 이야기하는 이유는 무엇일까? 첫째 동기는 문화적 경쟁심이라고 부를 수 있다. 어떤 경쟁심을 가리키는가? 단순하게 표현하면, 이스라엘은 위대한 문명들, 특히 이집트와 메소포타미아의 위대한 문명들로 둘러싸인 작은 국가였다. 이 위대한 문명들과 접촉하기 시작할 때, 이스라엘은 그 문명들의 우수성을 분명히 의식한다. 이스라엘은 훌륭한 하나의 문화를 받아들이는 것으로 반응할 수 있었으나 그렇지 않았다. 많은 경우, 이방인들의 문화가 지닌 위대한 사상을 자신의 것으로 만들기 위하여 그 사상을 베끼고 그대로 받아들이며, 통합하고 개작하였다. 메소포타미아에서 유래하는 창조의 위대한 이야기들 - 가장 잘 알려진 이야기는 에누마 엘리쉬(*Enûma Eliš*)이다 - 의 경우, 이스라엘은 다음과 같이 말한다. "세상의 창조주는 우리 하느님이시다! 우리에게도 창조 이야기가 있다!" 분명히 이것은 이스라엘의 저술가들에 의해 도입된 중요한 변화이다. 창조주 하느님은 메소포타미아의 신, 예를 들어 바빌로니아의 신 마르둑이 아니라, 이스라엘의 하느님으로서, 그 하느님은 계속해서 아브라함과 이사악과 야곱의 하느님이 될 것이다. 창조의 두 번째 이야기(2-3장)도 동일한 방식으로 생겨났다고 생각한다. 창세 1장은 메소포타미아의 영향을 강력하게 반영한다. 그것은 바빌로니아의 문화와 밀접하게 접촉하였던 유배자들에 의해 쓰였으며 그 문화의 많은 요소를 자신들의 문화에 통합하였다. 그들은 키루스 칙령(기원전 538년)이 반포된 뒤에, 해외에서 배우고 익힌 그 모든 것을 가지고 고국으로 돌아온다. 고국에 남아 있던 사람은 돌아온 사람이 말하는 것을 듣고 다음과 같이 말한다. "세상이 어떻게 창조되었는지를 알기 위하여 바빌로니아로 공부하러 갈 필요가 없다. 우리는 그것을 아주 잘 알고 있다! 우리의 이야기는 '이스라엘제製'이지, '바빌로니아제'가 아니다!" 전통적 요소들과 이스라엘에 알려져 있는 요소들에서 출발하여 편찬된 창조의 둘째 이야기는 창세 1장의 '바빌로니아' 이야기에 대안적인 '팔레스티나' 이야기를 제공한다. 간략하게 비교해 보아도 더욱 명백한 차이들이 드러날 것이다. 우리에게는 메소포타미아 문화, 특히 천문학과 수많은 종류의 문화에 대한 지식을 과시하는 이야기(1장)가 있다. 또한 팔레스티나 서민 가족들의 정신세계와 걱정거리들을 반영하는 본문도 있다.

첫째, 창세 1장의 창조주 하느님은 명령을 하면 즉각적으로 순종하게 하는 '위대한 임금'이다. 이와 달리 창세 2장의 창조주는 '자신의 손을 더럽히는' 숙련공이다. 둘째, 창세 1장은 우주 전체에 관심을 갖는다. 반면에 창세 2장은 팔레스티나의 농부가 생존하는 데에 필요한 것에만 관심을 둔다. 셋째, 첫째 이야기는 완전히 긍정적이며, 일곱 번이나 "하느님께서 보시니 (참) 좋았다"라고 말한다.[12] 창세 2-3장의 이야기는 왜 인간 조건이 괴로우며 더 이상 낙원에서의 삶처럼 안락하지 않은지를 더욱 사실적으로 설명한다(3,14-19).

홍수를 묘사하는 경우에도 마찬가지다. 이스라엘은 메소포타미아의 홍수 이야기들의 핵심을 자신의 것으로 만들었다. 그중 가장 잘 알려진 이야기는 길가메쉬 서사시의 아홉 번째 점토판과 아트라하시스 신화를 기록한 점토판이다. 성경 이야기는 메소포타미아의 이야기를 '국유화'하기 위하여 두 가지를 변경한다. 첫째, 노아를 홍수의 영웅으로 삼는다. 노아는 이스라엘 민간 전승의 일부이며 '의로움'으로 유명한 인물이었다(에제 14,14.20 참조). 둘째, 이야기는 창조주 하느님이 노아와 그의 가족들과 체결한 계약(*b*ᵉ*rit*)으로 마무리된다(창세 9,8-17). 계약이라는 주제는 이스라엘 신학에 본질적이다.

창세 1-11장의 다른 두 이야기, 곧 카인과 아벨의 이야기(4장)와 바벨탑 이야기(11,1-9)를 잠시 언급할 가치가 있다. 첫 번째 이야기는 우주와 인류의 기원이라는 자체의 새로운 문맥에 맞도록 농업(카인: 4,2), 목축(아벨: 4,2), 성읍 건축(카인: 4,17), 유목민의 삶(야발: 4,20), 음악(비파와 피리를 연주하는 유발: 4,21), 금속을 다루는 일(구리와 쇠로 된 온갖 도구를 만드는 장인 투발 카인: 4,22) 등, 다양한 직업 또는 실존 유형의 기

---

[12] 창세 1,4.10.12.18.21.25.31.

원에 관한 고대 전통들을 다시 받아들여 재작업을 한다.

성읍과 탑의 건축에 관한 창세 11,1-9의 이야기는 여러 가지 의미를 지닌다. 우리는 창세 1-11장의 저자들과 우주 기원에 관한 그들의 인지 방식에 관하여 메소포타미아 문화, 특히 바빌로니아 문화에서 받은 영향을 보았다. '바벨탑'의 일화는 그와 같은 영향을 역설적인 방식으로 균형을 잡는다. 여러 사람으로부터 그토록 경탄을 받는 - 특히 고국으로 돌아온 유배자들로부터라고 말할 수 있을 것이다 - 바빌로니아의 위대한 문화에는 덜 영광스러운 측면도 있다. 예를 들어, 바빌로니아인들은 돌과 모르타르가 무엇인지를 모른다(11,3). 이 밖에도 메소포타미아의 큰 성읍들에서 관찰할 수 있는 인물들의 정신은 '혼돈' 외에 다른 것이 아니다(11,9). 간단히 말해, 이야기는 메소포타미아의 문화에 대해 미소를 짓게 한다. 어쩌면 그 반대로 암암리에 다른 유형의 삶을 칭송하기 위하여 그 문화를 '조소하게' 한다. 다른 유형의 삶이란 사람들이 살 수도 없는 거대한 도성에 집중하지 않고, 각자가 넓은 공간에서, 자기 나라에서, 자신의 언어를 말하면서, 그리고 자신의 고유한 문화를 발전시키면서 돌과 모르타르를 사용하여 마을과 작은 성읍을 건설하는 땅에서 사는 것을 가리킨다. 이야기는 역설, 곧 아이러니라는 무기를 사용하여 메소포타미아의 전체주의적 문화를 비판하려는 의도를 가지고 있다.

창세 5장, 10장, 그리고 11장의 족보들 역시 메소포타미아 문화에서 잘 알려져 있는 요소이다. 그것은 '역사를 이야기하고' 과거와 현재를 연결하는 가장 단순한 방식이다. 결국 이 족보들은 아브라함 가문의 족보와 연결되며(11,27-32) 아브라함이 세상의 다른 민족들, 적어도 당시에 알려져 있던 민족들과 어떤 관계를 맺고 있었는지를 설명해 준다.

이 단락의 시작 부분에서 슬쩍 지적한 요소에 관하여 결론에서 설명할 필요가 있다고 생각한다. 곧, 창세 1-11장에서 우리가 읽는 본문들은 기껏해야 후대의 본문이라는 점이다. 내가 지적하는 것은 이용된 모티프들이 아니라, 문학적 편찬이 후대에 이루어졌다는 사실이다. 편찬의 출발점은 이른바 '사제계 이야기'이다. 이 이야기는 유배에서 귀환한 뒤에 편찬되었으며 바빌로니아의 문화로부터 많은 영향을 받았다. 우리는 그것을 창세 1장에서, 그리고 홍수와 족보들의 이야기에서 만난다. 다른 이야기들은 그 이후에 첨가되었다. 이를 입증하는 근거로 이 자리에서는 한 가지 사실만 지적하고자 한다. 곧, 이 이야기들에 대한 모든 암시 역시 후대의 것이라는 사실이다. 태초의 혼돈과 우주의 창조에 관한 언급들이 유배 이전에는 나오지 않고, 예레미야서와 제2이사야서(이사 40-55장)부터 나온다.[13] 또한 에덴 동산이나 원초적 낙원에 대한 언급들도 모두 후대의 것이다.[14] 인간의 타락(창세 3장)에 대해

---

[13] 태초의 혼돈: 이사 45,18-19; 예레 4,23. 역시 후대의 본문인 이사 34,11을 참조하라. 우주의 창조: 이사 40,26.28; 42,5; 43,1; 44,24; 45,18.
[14] 에덴: 이사 51,3; 에제 28,13; 31,9; 36,35. 에덴 동산: 에제 31,9; 36,35; 요엘 2,3. 주님의 정원: 이사 51,3. 하느님의 정원: 에제 28,13; 31,8-9.

서는 집회서(17,1.6; 25,24)와 지혜서(2,23-24)처럼 헬레니즘 시기의 본문들만 말한다. 카인과 아벨에 관한 언급을 찾아보기 위해서는 지혜서까지 가야 한다. "그러나 불의한 자가 분노하며 지혜에게 등을 돌리더니 광분하여 제 동기를 살해한 탓에 죽어 없어지고 말았다"(지혜 10,3). 본문에서 말하는 불의한 자는 카인이어야 한다. 홍수에 대해서는 이사 54,9; 집회 44,17-18; 지혜 10,4에서 언급하며, 바벨탑에 대해서는 지혜 10,5에서만 언급한다. 이 모든 것은 세상의 기원에 관한 이야기들이 후대에 생겨난 것임을 뜻한다.

결론적으로 말해, 창세 1-11장에서 이야기되는 사건들의 주요 목적은 유사한 이야기들, 특히 메소포타미아의 유명한 신화들과 경쟁을 하는 데에 있다. 이 밖에, 아브라함과 이사악과 야곱의 하느님, 이집트 탈출의 하느님은 우주의 창조주라는 것도 드러낸다.

6. 다섯 권으로 나눈 것을 어떻게 설명할 것인가?

오경을 다섯 권으로 나눈 것에 대해 한마디 하는 게 좋겠다. 왜냐하면 이는 현대 독자를 깜짝 놀라게 할 수 있기 때문이다. 이 책들 가운데 몇몇 책, 예를 들어 창세기와 신명기는 내적 일관성을 가지고 있다. 다른 책들, 탈출기, 레위기, 민수기의 경우 일관성이 훨씬 덜 명백하다.

우리의 독서를 이끄는 중요한 요소 중 하나는 책들의 머리말과 맺음말이다.[15] 창세기는 세상의 시작과 더불어 시작하여(창세 1,1: "한처음에…") 하느님이 백성을 당신의 땅으로 인도할 때 자기 유골을 약속의 땅으로 가지고 갈 것을 형제들에게 맹세하게 하는 요셉의 말로 끝난다(50,24-25). 요셉의 죽음(50,26)과 더불어 이스라엘의 선조들의 역사, 이른바 조상들의 역사는 끝난다.

탈출기는 야곱의 열두 아들의 명단, 곧 이집트에서 이스라엘 백성을 형성하는 열두 지파의 조상 명단으로 시작하여(탈출 1,1-7) 하느님의 영광이 하느님의 지시에 따라 모세가 건축한 만남의 천막에 가득 차는 것으로 끝난다(40,34-35). 그 순간은 장엄하다. 왜냐하면 성경의 상징 언어에서 볼 때, 그 순간은 이스라엘의 군주로 등극하는 하느님의 왕위 즉위식이기 때문이다. 이집트 탈출 사건에 드러난 하느님은 거의 '왕궁', 곧 당신 백성 한가운데에 거처를 가지고 있으며 이스라엘은 하느님을 자신의 유일한 군주로 인식한다. 간단히 말해, 탈출기는 이집트에서 파라오의 종이었던 이스라엘 백성이 어떻게 자유의 몸이 되어 광야에서 자기 하느님을 섬길 수 있게 되는지를 묘사한다.[16] 이 책은 이집트에서

---

15) 참조: E. Ben Zvi, "The Closing Words of the Pentateuchal Books: A Clue for the Historical Status of the Book of Genesis within the Pentateuch", *Biblisce Notizien*, 62 (1992), pp. 7-10; H.-P. Mathys, "Bücheranfänge und -schlüsse", in Id., *Vom Anfang und unm Ende. Fünf alttestamentlicheStudien*, Frankfurt a.M., Peter Lang, 2000, pp. 1-2.

16) G. Auzou, *De la servitude au service*, Paris, Éditions de l'Orante, 1961; 그리고 이탈리아어 번역본 *Dalla servitù al servizio*, Bologna, Edizioni Dehoniane, 2001⁴의 단행본 제목을 참조하라.

광야로, 종살이에서 자유와 섬김으로, 파라오의 억압에서 하느님의 통치권으로 나아가는 추이를 추적한다.

하느님의 왕위 즉위식이 있은 뒤에 탈출 40,36-38은 짤막한 한 단락에서 백성의 출발을 명령하고 광야에서 밤낮으로 백성을 인도하는 구름의 역할을 약술한다. 즉 이스라엘의 주님은 여정을 명령한다. 왜냐하면 이제 더 이상 시나이산 꼭대기에서 말하지 않고, 당신의 '일반 구역'에서, 곧 당신이 동행하는 백성 한가운데에서 말하며, 광야를 행진하는 동안 약속의 땅을 향해 인도하기 때문이다.

레위기의 첫머리에는 탈출기의 끝에서 도입된 새로운 일이 시작된다. 왜냐하면 하느님이 "만남의 천막에서"(레위 1,1) 모세를 부르기 때문이다. 간단히 말해, 레위기 전체는 신과 밀접한 접촉을 하며 사는 것이 무슨 의미인지를 설명한다. 백성에게 요구된 예배-'군주'인 하느님을 섬기는-규정들, 정결과 부정에 관한 규정들, '거룩함'에 관한 규정들은 하느님이 백성 한가운데에 현존함으로써 생긴 결과이다. 레위기의 두 개의 맺음말(26,46; 27,34)은 앞에서 주장한 것을 부정하는 것 같다. 왜냐하면 레위기의 법 제정 전체가 시나이산에서 있었던 것으로 언급하기 때문이다. 그러나 그 모순은 단순히 표면적인 것이다. 왜냐하면 천막은 아직 움직이지 않았고 백성은 여전히 시나이산에 있기 때문이다. 시나이산은 오경에서 근본이 되는 모든 법규가 선포된 장소이다.

레위기와 민수기의 차이는 민수기의 머리말과 맺음말에서 나타난다. 민수 1,1에는 레위 1,1에서처럼 하느님이 만남의 천막에서 모세에게 말한다. 민수 36,13에 나오는 맺음말에서는 예리코 앞 요르단강가의 모압 벌판에서 공포된 법규들에 대해 말한다. 민수기는 시나이 산에서 요르단강에 이르는 여정에서 있었던 격변을 모두 묘사한다. 레위기는 만남의 천막, 곧 자신의 유일한 참된 군주의 '왕궁' 주위에서 사는 삶의 의미를 보여 주었다. 이와 마찬가지로 민수기에서도 이집트 탈출의 주님인 하느님의 인도 아래 '걷는다'는 것의 의미를 보여 주기 위해서 하느님의 명령과 법규와 이야기들이 서로 섞여 나온다.

신명기는 책의 내용을 '알리는' 긴 머리글로 시작한다(신명 1,1-5). 간단히 말해, 신명기는 생애의 마지막 날 모세가 발설한 담화들, 다시 말해 그의 영적 유언을 수집한 것이다. 신명기는 레위기나 민수기에서처럼(레위 1,1; 민수 1,1) 하느님이 모세에게 한 '하느님의 말씀'을 더 이상 포함하지 않으며, 이스라엘에게 한 모세의 말을 포함한다. 구체적으로 말해, 모세는 백성을 위하여 법규를 "설명한다"(1,5).[17]

그러므로 신명기는 신명기 해설자들 가운데 가장 권위 있는 모세의 작품으로서 토라의 첫 번째 주석서이다. 오경에는 토라와 권위 있는 첫 번째 주석서인 신명기가 함께 포함되어 있다. 신명기의 맺음말(34,10-12)은, 모세는 예언자들 가운데 가장 위대한 예언자이며 이

---

[17] 신명 1,5에 사용된 동사를 번역하는 데에는 논란이 있다. 그러나 "설명하다. 명확히 밝히다. 주석하다. 해설하다"를 뜻한다는 좋은 이유들이 있다.

집트 탈출은 이스라엘 역사의 '근간이 되는' 사건이라고 주장한다. 모세의 죽음과 더불어 계시의 가장 중요한 단계가 끝난다. 이와 동시에 우리는 이 본문에서 모세의 묘비명과 오경에 대한 보증서라고 부를 수 있는 것을 볼 수 있다. 모세가 말하는 모든 것-그리고 오경이 전하는 모든 것-은 '원산지 검증'(*denominazione di origine controllata*)을 거친 것이다. 왜냐하면 이스라엘의 주님은 모세와 "얼굴을 마주 보고" 사귀셨으며, 따라서 그 통교는 직접적이었기 때문이다.

> 이스라엘에는 모세와 같은 예언자가 다시는 일어나지 않았다. 그는 주님께서 얼굴을 마주 보고 사귀시던 사람이다. 주님께서 그를 보내시어, 이집트 땅에서 파라오와 그의 모든 신하와 온 나라에 일으키게 하신 그 모든 표징과 기적을 보아서도 그러하고, 모세가 온 이스라엘이 보는 앞에서 이룬 그 모든 위업과 그 모든 놀라운 대업을 보아서도 그러하다(신명 34,10-12).

결론적으로 오경은 주요한 기능을 가지고 있다는 사실을 다시 한번 강조하고자 한다.

그 기능이란 이스라엘의 모든 구성원에게 공통되는 역사와 법규를 포함하고 있는, 성조들 이야기의 족보 관계와 토라로써 이스라엘 백성의 정체성을 만들어 내는 것이다. 이런 의미에서 우리는 유다계 독일인 시인 하인리히 하이네와 더불어 토라는 히브리인에게 하나의

"휴대용 조국"[18]이라고 말할 수 있다. 백성의 정체성은 땅에 들어가기 전에, 왕정 이전에, 그리고 성전을 건축하기 전에 이미 존재하고 있다. 뒤에서 보게 되겠지만, 동일한 이유로 그 정체성은 땅을 잃어버렸을 때에도, 그리고 왕정과 성전이 사라진 뒤에도 역시 살아남을 수 있을 것이다.

7. 오경의 원천들

이 입문서에서 오경의 원천들에 대해 길게 말할 수는 없다. 이 주제에 대해서는 최근에 나온 연구 논문이 많이 있다.[19] 간단히 말해, 현

---

18) 이 표현은 1853년 베티 하이네에게 보낸 시인의 편지에서 나타난다: F. Crüsemann, "Das 'portative Vaterland': Struktur und Genese des alttestamentlichen Kanons", in Aleida Assmann-Jan Assmann (a cura di), *Kanon und Zensur. Beiträge zur Archäologie der literarischen Kommunikation*, 2, München, Fink, 1987, pp. 63-79; Id., *Kanon und Sozialgeschichte. Beiträge zum Alten Testament*, Gütersloh, Chr. Kaiser-Gütersloher Verlagshaus, 2003, pp. 227-249를 보라.

19) 적어도 세 작품을 지적하겠다: J.-L. Ska, *Introduzione alla lettura del Pentateuco*, Roma, Edizioni Dehoniane, 1998[《모세오경 입문. 오경 해석을 위한 지침》, 박요한 영식 옮김, 성바오로 출판사, 2001]; F. García López, *Il Pentateuco. Introduzione alla dettura dei primi cinque libri della Bibbia*, Brescia, Paideia, 2004; Th. Römer -J.-D. Macchi-Ch. Nihan (a cura di), *Giuda di lettura dell'Antico Testamento*, in particolare i due capitoli seguienti: Th. Römer, *La formazione del Pentateuco: stroia della ricerca*, pp. 59-74; Th. Römer-Ch. Nihan, *Il dibattito attuale sulla formazione del Pentateuco*, pp. 75-99, Bologna, Dehoniane, 2007.

재의 연구 경향은 오경 편찬에서 세 개의 주요한 층을 구분한다. ① 고대의 법 수집물들(예를 들어 '계약 법전', 탈출 21-23장), 단절된 또는 짤막한 설화군들. ② 유배 직후에 이루어진 중요한 신학적 첫 편찬들: 신명기와 사제계 이야기. ③ 성전을 재건한 뒤에 이른바 '성결법'(레위 17-26장)의 정신에 따라 재작업하고 다시 기술한 작품.

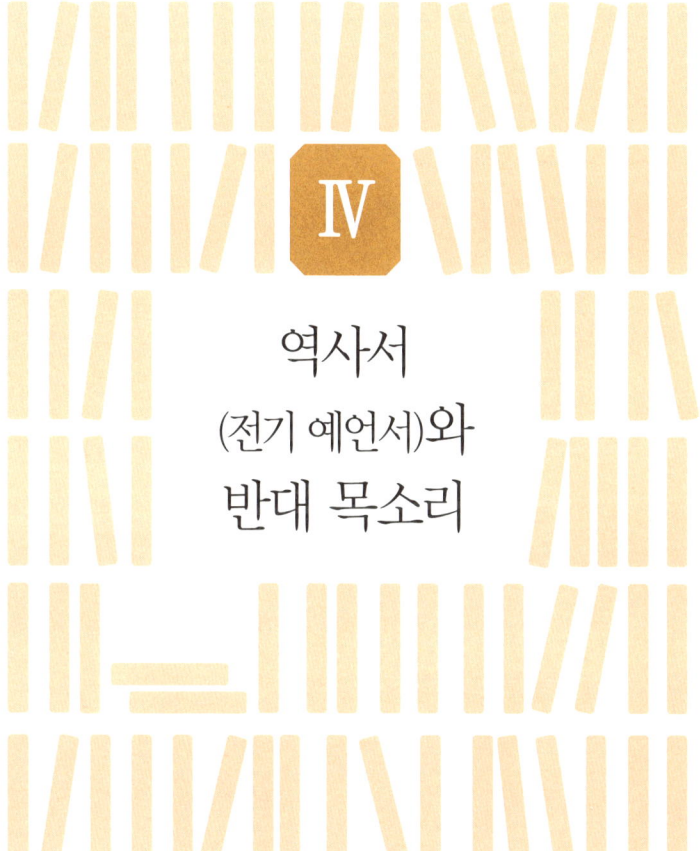

IV

역사서
(전기 예언서)와
반대 목소리

1. 역사서(여호수아기, 판관기, 사무엘기 상·하권, 열왕기 상·하권)
: '구성된' 역사

역사서들은 정복의 시작(여호 1장)부터 바빌로니아 유배(2열왕 25장)에 이르기까지 이스라엘 역사의 주요한 사건들을 간략하게 요약한다. 여호수아기는 여호수아 자신의 인도로 약속의 땅을 정복하는 것을 묘사한다. 판관기는 이방인 국가들의 침공과 강점으로 점철된 불안한 시기 동안 이스라엘 각 지파에게 있었던 크고 작은 일로 채워져 있다. 사무엘기와 더불어 왕정의 시작, 곧 먼저 사울 왕정과 이어서 다윗 왕정이 소개된다. 열왕기는 논리적으로 연속되는데, 솔로몬의 통일 왕정과 이어서 갈라진 두 왕국, 곧 북 왕국과 남 왕국의 주요 사건들을 이야기한다. 모든 것은 사마리아의 멸망(2열왕 17장)과 예루살렘의 멸망(2열왕 25장)으로 끝난다. 지배적 관점은 확실히 남 왕국 출신 저술가의 것이다. 그는 왕정에 대하여 대단히 비판적이다.

나는 이 자리에서 역사서들에 대한 완벽한 입문서를 제공할 마음이 없다.[20] 단지 중대한 몇 가지 점에 대해 주장하고자 할 뿐이다. '여호수아의 정복부터 바빌로니아 유배에 이르기까지 이스라엘 역사 전체를 관통하는 두드러진 줄기가 존재하는가?'라는 한 가지 질문이 특히 우리의 주의를 끌게 될 것이다. 단순한 하나의 '사건들의 역사'(histoire événementielle), 곧 더욱 중대한 사실들만 기록한 연대기를 다루는 것일까? 아니면 '장기 지속'(longue durée)을 이해하기 위하여 종합하려고 하는 것일까? 또는 일련의 긴 사건들의 원인을 수집하는 과제를 다루는 것일까? 끝으로, 우리는 이 '역사'[21]의 저자들이

---

[20] 한층 중요한 작품들 가운데 몇 가지만 지적한다: A. F. Campbell-M. O'Brien, *Unfolding the Deuteronomistic History. Origins, Upgrades, Present Text*, Minneapolis (MN), Augsburg Fortress, 2000; A. de Pury-Th. Römer-J.-D. Macchi, *Israël construit son histoire. L'historiographie deutéronomiste à la lumière des recherches récentes*, Genève, Labor et Fides, 1996 (trad. ingl. *Israel Constructs its History. Deuteronomistic History in Recent Research*, Sheffield, Academic Press, 2001); A. González Lamadrid et al., *Storia, narrativa, apocalittica*, Brescia, Paideia, 2003; V.P. Hamilton, *Handbook on the Historical Books: Joshua, Judges, Ruth, Samuel, Kings, Chronicles, Ezra-Nehemiah, Esther*, Grand Rapids (MI), Baker, 2001; S.L. McKenzie, *Introduction to the Historical Books*, Grand Rapids (MI), Eerdmans, 2010; Th. Römer, *Dal Deuteronomio ai libri dei Re. Introduzione storica, letteraria e sociologica*, Torino, Claudiana, 2007.

[21] '사건들의 역사'(histoire événementielle)와 '장기 지속'(histoire de la longue durée)은 이른바 '아날 학파'(École des Annales)에 속하는 프랑스 역사가들, 곧 블로크(Marc Bloch), 페브르(Lucien Fèbvre), 브로델(Fernand Braudel)에 의해 도입된 용어이다. M. Bloch, *Apologia della storia o mestiere di storico*, Torino, Einaudi, 2009; L. Fèbvre, *Pour une hisoire à part entière*, Paris, Éditions de l'EHESS, 1962; F. Braudel, *Scritti sulla storia*, Milano, Bompiani, 2003 참조.

누구인지 더 잘 규명하려고 할 것이다.

히브리 성경에서 역사서들은 '전기 예언서'라고 불린다. 이러한 명칭의 선택은 시사하는 바가 크다. 왜냐하면 이스라엘 역사의 위대한 인물들은 라삐 전통에서 군주나 군대의 장군이 아니라 예언자이기 때문이다. 우리는 오경의 경우 모세가 무엇보다도 '예언자', 곧 모든 예언자 가운데 가장 위대한 예언자라는 것을 보았다(신명 34,10). 성경 전통에서 여호수아는 예언자이지 단지 정복자로만 여겨지지 않는다. 집회 46,1에서 이 점을 명확히 밝히고 있다. "눈의 아들 여호수아는 전쟁에서 용감하였고 예언자로서는 모세의 후계자였다." 판관기의 첫 부분에는 "주님의 천사"(2,1-5)가 개입하여 자기 하느님과의 계약에 불충실한 이스라엘에게 징벌을 선언하는 내용이 나온다. 왕정의 시작을 묘사하는 작품들을 '사울과 다윗의' 책이라 부르지 않고, '사무엘의' 책이라 부른다. 이 작품들은 '예언자'(1사무 3,20)로 제시된 인물의 것이라고 한다. 열왕기만이 전통적인 책 이름에서 왕정의 기억을 보존하고 있다.

나중에 보겠지만, 왕정의 역사는 북 왕국에서는 물론 남 왕국에서도 비극적으로 끝난다. 주요 잘못은 나라를 잘못 다스린 군주들에게 있다. 이와 달리 이스라엘을 구원한 사람은 예언자들이다. 예언자들은 많은 경우 임금의 정치에 반대하였다. 이스라엘은 예언자들 덕분에 살아남았다. 사실 모든 위험에서 백성을 보호해야 할 가장 중요한 책무를 가지고 있었던 군주들이 오히려 그들을 파멸시키는 원인이 되었다. 말하자면, 우리는 군주들에 맞섰던 예언자들의 비통한 승리를 접하는 것이다. 더욱 정확하게 말해, 왕정의 잘못된 정치로 빚어질 무시무시한 결과들을 예견하면서 올바르게 판단한 사람들은 - 공교롭게도 - 예언자들이다. 이것이 이른바 역사서에 있는 가장 중요한 명제이다. 이것은 벤 시라가 '조상들에 대한 칭송'(집회 44-50장)에서, 특히 왕정에 대해 언급할 때(47-49장) 임금과 예언자를 자주 나란히 지적하면서 제안한 이스라엘의 역사를 읽는 방식이기도 하다. 곧, 나탄과 다윗(47,1-11), 임금들 가운데에는 단지 예로보암만 언급하는 북 왕국에 관한 부분에서 지적하는 엘리야와 엘리사(47,24-48,15), 이사야와 히즈키야(48,17-25), 예레미야와 요시야(49,1-7), 그리고 끝으로 에제키엘과 즈루빠벨(다윗의 마지막 후손 가운데 한 사람)을 귀환 후의 대사제인 예수아(49,8-12)와 나란히 언급한다.

역사서들 가운데 가장 중요한 단락 중 하나인 2열왕 17장의 긴 담론에서 이러한 관점을 확인할 수 있다. 이 담론은 사마리아의 몰락과, 또 미리 앞당겨, 예루살렘의 몰락이 당연하다고 표현한다. 동시에 본문은 북 왕국과 남 왕국, 그리고 다윗 왕국이 국제 무대에서 사라진 이유를 설명한다. 우리가 관심을 갖는 대목에서 다음과 같이 말한다.

주님께서는 모든 예언자와 선견자들을 통하여 이스라엘과 유다에 경고하셨다. "너희의 악한 길에서 돌아서서, 내가 너희 조상들에게 명령하고 나의 종 예언자들을 통하여 너희에게 보낸 모든 율법대로 나의 계명과 규정들을 지켜라." 그러나 그들은 그 말씀을 듣지 않고, 주 저희 하느님을 믿지 않은 그들의 조상들처럼 목을 뻣뻣하게 하였다. 그들은 그분의 규정과 그분께서 저희 조상들과 맺으신 계약, 그리고 자기들에게 주신 경고를 업신여겼다. 헛것을 따라다니다가 헛것이 되었다. 그들은 또 주님께서 본받지 말라고 명령하신 주변의 민족들을 따라다녔다(2열왕 17,13-15).

이 단락의 뜻은 매우 명백하다. 곧 예언자들은 이스라엘과 유다에 경고하였지만, 두 왕국은 귀를 기울이지 않았다. 그러므로 예언자들은 재앙에 책임이 없는 것이다. 이 밖에도, 본문은 재앙의 참된 원인은 바로 율법을 준수하지 않은 데 있다고 주장한다.

많은 사람이 특정 성경 구절에 너무 익숙한 나머지 두 왕국의 종말을 잘못된 국외 정치, 곧 체결된 동맹의 부적합한 연합, 또는 숙명적 투쟁의 탓으로 돌릴 수도 있었다. 그러나 그렇지 않다. 2열왕 17장을 쓴 익명의 저자는 비극의 원인이 윤리적 근원에 있다고 생각한다. 곧, 두 국가가 나쁘게 처신하였다는 것이다. 이런 견해는 가능한 수많은 해석 가운데서 사실들에 근거한 하나의 해석이며, 현대 역사가들이 의문을 제기할 수 있는 설명이다. 그러나 그러한 해석은 열왕기 자체가 내놓은 해석이며, 더욱 정확하게 말해 사마리아 왕국과 유다 왕국의 연대기 내부에 삽입된 해석이다. 이것이 바로 우리가 강조하고자 한 점이며 이에 대해서는 나중에 다시 언급하겠다.

2. 여호수아: 라삐인가, 정복자인가?

이제 한 걸음 더 나아가 역사서들에서 예언자의 눈으로 읽도록 독서 방향을 제시하는 근간을 최대한 정확하게 분석할 수 있겠다. 여기서는 종종 매우 늦은 시기에 전략적 지점들에 삽입되었으며 아주 정확한 의미로 역사서 읽기 방향을 제시해 주는 몇몇 본문을 지적하고자 한다.

첫 번째 단락은 여호수아기의 시작에서 만난다.

> 오직 너는 더욱더 힘과 용기를 내어, 나의 종 모세가 너에게 명령한 모든 율법을 명심하여 실천하고, 오른쪽으로도 왼쪽으로도 벗어나서는 안 된다. 그러면 네가 어디를 가든지 성공할 것이다. 이 율법서의 말씀이 네 입에서 떠나지 않도록 그것을 밤낮으로 되뇌어, 거기에 쓰인 것을 모두 명심하여 실천해야 한다. 그러면 네 길이 번창하고 네가 성공할 것이다(여호 1,7-8).

여호수아에게 내린 이 짤막한 신탁에서 두 가지 요소가 핵심이다. 첫째, 여호수아의 위업, 말하자면 약속의 땅 정복과 이스라엘 지파들에게 그 땅을 분배하는 것의 성공은 모세의 율법을 준수하는지 여부에 달려 있다. 다른 본문들에서 하느님은 이스라엘을 돕겠다고 일방적으로 약속한다. 예를 들어 여호 1,5에서 "네가 사는 동안 내내 아무도 너에게 맞서지 못할 것이다. 내가 모세와 함께 있어 주었듯이 너와 함께 있어 주며, 너를 떠나지도 버리지도 않겠다"라고 약속한다. 우리가 이미 살펴보았던 것처럼, 두 구절 뒤의 음조는 다르다. 여호 1,7-8의 본문은 1,5의 본문을 정정하기 위하여 쓰였다고 생각하지 않을 수 없다. 가장 먼저 여호 1,7의 신탁의 이끎말, 곧 "오직 너는 더욱더 힘과 용기를 내라"에서 이를 쉽게 확인할 수 있다. 이 문구는 잘 알려졌으며 그 기능도 알려져 있다. 곧, 이 문구는 일반적으로 전투를 개시하기 전이나 사열을 하기 전에 행했던 격려의 말을 시작하는 문구이다. 매우 유사한 의식儀式적 표현이 전쟁에 관한 법을 기술하는 신명 20,3과 여호 1,6.7.9.18에 나온다(신명 31,7.23도 참조하라).[22)] 여호 1,7에서만 율법을 준수하라는 경고가 이 문구로 도입된다. 본문은 다음과 같이 말하는 것 같다. "여호수아, 오직 너는 더욱더 힘과 용기를 내어라. 그러나 전쟁을 하기 위해서, 그리고 전장에서 적들을 대면하기 위해서가 아니다. 너는 무엇보다도 모세의 율법을 준수하는 데에서 용기를 보여 주어야 한다."

[22)] 다른 용례에 대해서는 1역대 22,13; 28,10을 참조하라. 이 후기 본문들의 용례는 여호 1,7의 용례와 유사하다.

더 상세한 내용에 우리는 반드시 주의를 기울여야 할 것이다. 곧 모세의 율법은 이제는 거의 '기록된' 책에 포함되어 있다는 사실이다. 이스라엘에서 기준점과 최고의 권위는, 다시 말해 인격체, 예컨대 임금이나 군대의 장수 같은 인격체에 있지 않고, 책인 모세의 율법서에 있다.

위에서 언급한 본문에 따르면, 여호수아는 위대한 전사이자 정복자(campeador)라기보다는 라삐 또는 율법박사에 가깝다. 이스라엘의 참된 이상적 인물은 율법학자와 열정적으로 율법을 준수하는 사람이다.[23] 달리 말해, 여호수아의 정복과 위대한 실현은 그의 군사적 재능과 조직 능력으로 이룬 것이 아니라, 그가 모세의 율법을 충실히 지킨 덕분이다. 현대적 어휘로 표현하면, 여호수아는 군사적 공로를 세운 데 대한 훈장이 아니라, '토라'를 준수한 데 대한 훈장을 받을 것이라고 할 수 있다. 적어도 이것이 다른 모든 훈장 가운데 여호수아가 받는 첫 번째 훈장이 될 것이다.

다른 본문들도 같은 의미를 확인해 준다. 가장 중요한 본문들만 인용하겠다. 현재 문맥에서 볼 때, 더욱 늦게 삽입된 본문, 곧 여호 8,30-35에서 여호수아는 약속의 땅 중앙에 위치한 에발산에 세운 돌 제단 위에 율법 전체를 기록하고, 이어서 전체 지파 앞에서 율법을 선포한다. 이 행위가 지닌 중요성은 매우 결정적이다. 정복된 땅

---

[23] 이상적 인물은 헬레니즘 시기에 쓰인 집회서에 묘사될 것이다(38,24-34).

에서 효력을 발생하는 법은 다름 아닌 모세의 율법이다(8,32). 달리 표현하면, 정복된 나라의 참된 군주는 이제 에발산에서 즉위한 '토라'이며, 모든 이가 그 책에 순종하도록 되어 있다.

여호수아는 가장 귀중하게 소유하고 있는 '토라'를 백성에게 유산으로 맡긴다고 유언한다(23장). 여호수아는 토라를 권고의 형태로 전해 준다. "그러므로 너희는 아주 굳세어져서 모세의 율법서에 쓰여 있는 모든 것을 명심하여 실천하고, 거기에서 오른쪽으로도 왼쪽으로도 벗어나는 일이 없도록 하여라"(23,6). 여호수아는 여호 1,9에서 하느님이 그에게 말한 것을 백성에게 문자 그대로 되풀이한다. 하느님에게서 모세에게 온 '토라'가 이제는 백성의 손 안에 있다. 이것을 다른 식으로 표현하면, 이제는 백성이 결정해야 한다. 여호수아는 땅보다는 오히려 '토라'를 전달한다. 왜냐하면 땅의 소유는 토라의 준수에 달려 있으며, 특히 백성은 토라를 잃어버리지 않는 한 땅 없이도 살아남을 수 있다는 것을 이미 알고 있기 때문이다.

아마도 여호 23장의 유언보다 후대에 쓰였을 것으로 추정되는 본문인 스켐 계약에 대한 보고서(24장)의 끝 부분에서, 여호수아는 이 계약의 모든 말씀을 '하느님의 율법서'에 덧붙인다(24,26). 여호수아를 기리는 기념비는 백성으로 하여금 영원히 율법에 대한 책임을 지게 하는 거대한 돌이다. "그리고 나서 여호수아는 온 백성에게 말하였다. '보라, 이 돌이 우리에게 증인이 될 것이다. 주님께서 우리에게 이르신 모든 말씀을 이 돌이 들었다. 그래서 이것은 너희가 너희 하느님을 부정하지 못하게 하는 증인이 될 것이다'"(24,27). 이와 달리 이스라엘의 가장 위대한 정복자의 공적에 대해서는 그 어떤 기념비도 세울 가치가 없다.

여호수아의 시기는 분명히 이스라엘 역사의 황금 시기로 여겨야 한다. 그러나 중요한 이유는 그가 이룩한 일련의 승리에 있는 것이 아니라, 이제 곧 보게 되겠지만, 율법에 대한 완전무결한 충실성에 있다. 필자는 정복의 역사가 '토라'의 그늘 아래 다시 읽혔다는 것이 충분히 명확하다고 생각한다.

3. 판관기: 종교인가, 잘못된 정치인가?

두 본문, 곧 여호 24,29-31과 판관 2,8-10이 여호수아기와 판관기의 경첩 역할을 하고 있다.

이런 일들이 있은 뒤에 주님의 종, 눈의 아들 여호수아가 죽었다. 그의 나이는 백열 살이었다. 그는 자기가 상속 재산으로 받은 땅, 곧 가아스산 북쪽, 에프라임 산악 지방에 있는 팀낫	주님의 종, 눈의 아들 여호수아는 백열 살에 죽었다. 사람들은 가아스산 북쪽, 에프라임 산악 지방의 팀낫 헤레스에 있는 그의 상속 재산 경계 안에 그를 묻었다. 그의 세대 사람들도 모

세라에 묻혔다. 여호수아가 살아 있는 동안 내내, 그리고 주님께서 이스라엘을 위하여 하신 모든 일을 아는 원로들이 여호수아보다 장수하며 살아 있는 동안 내내, 이스라엘은 주님을 섬겼다(여호 24,29-31).

두 조상들 곁으로 갔다. 그 뒤로 주님도 알지 못하고 주님께서 이스라엘에게 베푸신 업적도 알지 못하는 다른 세대가 나왔다(판관 2,8-10).

이 두 단락 사이에 공통점이 있다는 것을 부정하기는 어렵다. 굳이 이 단락들의 편찬에 관한 긴 논의에 들어가지 않고도, 우리는 두 단락에서 '여호수아'의 시기와 '판관들'의 시기 사이에 세대가 바뀌고 있음을 명확하게 지적하려는 것을 볼 수 있다. 두 본문은 여호수아의 죽음과 매장에 대한 짤막한 소식을 담고 있다. 계속해서 여호수아 시기, 본보기가 되는 모범 세대와 판관들의 시기 이후 세대 사이의 대비점을 언급하기 시작한다(판관 2,10). '황금기'는 끝났고 훨씬 덜 영광스러운 시기가 시작되려고 한다는 것을 즉시 알 수 있다. 그 이유는 바로 이어지는 다음 구절에서 제시된다(2,11). "이스라엘 자손들은 바알들을 섬겨 주님의 눈에 거슬리는 악한 짓을 저질렀다." 이 구절로 시작되는 단락 전체가 이스라엘이 자기 하느님에게 불충실한 결과, 곧 침략과 억압, 하느님에 의해 파견된 '판관들'의 구원 사명, 그리고 이스라엘의 되풀이되는 죄의 재발(2,11-23)을 요약하고 있다.

이스라엘 자손들은 바알들을 섬겨 주님의 눈에 거슬리는 악한 짓을 저질렀다. 그들은 저희 조상들의 하느님이신 주님, 저희 조상들을 이집트 땅에서 이끌어 내신 주님을 저버리고, 주위의 민족들이 섬기는 다른 신들을 따르고 경배하여, 주님의 화를 돋우었다. 그들은 주님을 저버리고 바알과 아스타롯을 섬겼다. 그리하여 주님께서 이스라엘에게 진노하시어 그들을 약탈자들의 손에 넘겨 버리시고 약탈당하게 하셨다. 또한 그들을 주위의 원수들에게 팔아넘기셨으므로, 그들이 다시는 원수들에게 맞설 수 없었다. 주님께서 이르신 대로, 주님께서 그들에게 맹세하신 대로, 그들이 싸우러 나갈 때마다 주님의 손이 그들에게 재앙을 내리셨다. 그래서 그들은 심한 곤경에 빠졌다.

주님께서는 판관들을 세우시어, 이스라엘 자손들을 약탈자들의 손에서 구원해 주도록 하셨다. 그런데도 그들은 저희 판관들의 말을 듣지 않을뿐더러, 다른 신들을 따르며 불륜을 저지르고 그들에게 경배하였다. 그들은 저희 조상들이 주님의 계명에 순종하며 걸어온 길에서 빨리도 벗어났다. 그들은 조상들의 본을 따르지 않았다. 그러나 주님께서는 그들을 위하여 판관들을 세우실 때마다 그 판관과 함께 계시어, 그가 살아 있는 동안 내내 그들을 원수들의 손에서 구원해 주도록 하셨다. 억압하는 자들과 학대하는 자들 앞에서 터져 나오는 그들의 탄식을 들으시고, 주님께서 그들을 가엾이 여기셨기 때문이다. 그러나 판관이 죽으면 그들은 조상들보다 더 타락하여, 다른 신들을 따라가서 그들을 섬기고 경배하였다. 그들은 이렇게 자기들의 완악한 행실과 길을 버리지 않았다.

그리하여 주님께서는 이스라엘에게 진노하시어 말씀하셨다. "이 민족이 내가 저희 조상들에게 명령한 나의 계약을 거스르고 내 말을 듣지 않는다. 그러므로 나도 여호수아가 남기고 죽은 민족들 가운데에서 그 어떤 민족도 더 이상 쫓아내지 않겠다." 이는 이스라엘이 저희 조상들처럼 주님의 길을 명심하여 따라 걷는지 따라 걷지 않는지, 그 민족들을 통하여 시험하시려는 것이었다. 그래서 주님께서는 그 민족들을 곧바로 쫓아내지 않고 남겨 두셨으며, 그들을 여호수아의 손에 넘겨주지 않으셨다(판관 2,11-23).

이 본문을 읽은 사람은, 본문이 나중에 숙고하여 이루어진 성찰이며, 당혹스럽고 불행한 시기의 이유를 설명하려고 한다는 것을 즉시 알 수 있다. 아날 학파의 어휘를 사용하자면, 그것은 '장기 지속'에 대한 분석이다. 논제는 명백하다. 통탄할 만한 이 상황의 원인은 자기 하느님에게서 멀어지고 다른 신, 곧 바알을 받아들임으로써(2,11) 이집트에서 이끌어 내신 하느님과 체결한 계약에 불충실하게 된 (2,20) 이스라엘의 종교적 태도에서 찾아야 한다. 달리 말해, 이스라엘이 불행해진 원인은 정치·경제·군사적 문제 때문이 아니라 무엇보다 윤리적이며 종교적인 문제 때문이라는 것이다. 그러나 우리는 '종교'의 개념이 성경의 세계에서는 우리 세계에서보다 더 광범위하다는 것을 잊어서는 안 된다. 자기 하느님에 대한 이스라엘의 불충실은 단순히 전례 문제이거나 신심 문제가 아니다. 이스라엘은 '이집트 땅에서 이끌어 내신 저희 조상들의 하느님이신 주님을 저버린다.' 이집트 탈출의 하느님을 저버린다는 것은 해방의 역사가 지닌 의미는 물론, 그 해방의 공유 체험과 연결된 이상을 잊어버린다는 것을 뜻한다. 정치·사회적 관점에서 그 결과는 명확하다. 바알 숭배를 받아들인다는 것은 다른 태도, 다른 정치, 그리고 사회·경제적인 다른 목표를 수용한다는 것을 뜻한다. 이것이 호세아 예언자의 메시지이다.

그러나 내가 강조하고자 하는 점은 예컨대 그리스의 위대한 헤로도투스와 투키디데스와 같은 이들이 그러했듯이, 성경의 '역사가들'도 단순히 역사적 사실을 나열하는 데에 그치지 않았다. 그들은 정해진 시기의 사실들에 관한 '명제命題'를 형성한다. 일어난 사건들과 자기 백성의 운명의 '의미'를 이해하고자 한다. 이에 관하여 마지막으로 한 가지 더 짚고 넘어가고 싶은 것이 있다. 그렇다고 해서 이것이 성경의 역사서들 안에 현대적 의미의 비판적 역사가 있다는 것을 뜻하지는 않는다는 점이다. 인물과 사건의 역사성에 관한 질문은 별개의 물음이므로 다른 방식으로 다루어야 한다.

4. 사무엘기: 왕정인가, 예언인가?

사무엘기의 이야기는 매우 유명하다. 상권에서는 사무엘의 탄생과 부름 받음, 사울의 선택, 사울을 배척한 다윗의 선택, 사울과 다윗의 경쟁, 사울의 죽음이 이야기된다. 하권에서는 다윗의 왕위 즉위, 다윗의 왕위가 솔로몬에게 승계되기까지 파란만장한 많은 사건이 기술된다.

사무엘기의 문체는 이전 책들의 문체와 다르다. 사무엘기는 신학적이고 교훈적인 문체가 훨씬 덜하다. 설화 기법의 전문가들이 좋아하는, 잘 구성되고 잘 쓰인 설화들을 매우 자주 만나게 된다. 현대어로 표현하면, 그 문체는 더욱 '세속적'이라고 말할 수 있을 것이다. 이런 이유 때문에 폰 라트는 이 장들에서 이스라엘의 역사를 서술한 첫 작품을 보았다.[24]

그러나 정말로 그렇다고 말할 수 있는가? 사울의 몰락과 다윗의 성공을 어떻게 설명할 것인가? 다윗을 승계하는 일에서 솔로몬이 모든 경쟁자를 물리치고 승리한 원인은 무엇인가? 나는 이런 질문들에 대하여 상세하게 대답할 수는 없다. 다만 성경 본문이 어떤 식으로

---

[24] G. von Rad, "Der Anfang der Geschichtsschreibung im alten Israel", *Archiv für Kulturgeschichte*, 32 (1944), pp. 1-42; Id., *Gesammelte Studien zum Alten Testament*, München, Kaiser Verlag, 1958, pp. 148-188.

사건들을 해석하는지 보기 위하여 다시 한번 본문을 검토하는 것으로 만족하고자 한다.

첫 번째 요소는 미래 임금의 탄생이 아니라, 사무엘의 탄생을 이야기하는 사무엘기의 시작 부분에서 볼 수 있다. 세부 사항은 사무엘기 편집자들이나 편찬자들의 놀라운 선택을 엿볼 수 있다. 사무엘의 탄생 이야기는 오랫동안 기다려 온 아들을 위하여 어머니가 선택한 이름의 어원 소개로 끝난다. "때가 되자 한나가 임신하여 아들을 낳았다. 한나는 '내가 주님께 청을 드려 얻었다.' 하면서, 아이의 이름을 사무엘이라 하였다"(1사무 1,20). 그런데 히브리어에서 '사무엘'이라는 이름과 '청하다'라는 동사 사이에는 일치하는 점이 전혀 없다.[25] 실제로 이 동사에 상응하는 이름은 정확히 '청한, 염원한'[26]을 뜻하는 사울이라는 이름일 것이다. 상당히 그럴싸한 이 가설에 따르면, 이 이야기는 사울이라는 이름 대신 사무엘이라는 이름으로 대체하였다. 혹은 또 다른 가능한 설명에 따르면, 이 이야기는 이스라엘이 참으로 염원하였던 '아들'은 사울이 아니라 사무엘임을 드러내려고 한다.

두 번째로 1사무 8장의 유명한 본문이 있다. 이스라엘의 원로들은 사무엘에게 임금을 청하러 온다. 사무엘은 사절단에게 다음과 같

---

[25] 사무엘이라는 이름의 어원에는 문제점이 있다. 아마도 '그의 이름은 엘(El)이다', 달리 말해 '하느님의 이름은 엘(El)이다'를 뜻할 것이다. 히브리어에서 엘(El)은 하느님을 뜻한다.

[26] 히브리어에서 šaʾûl은 '청하다'를 뜻하는 동사 šʾl에서 유래한다.

이 대답한다.

> 사무엘은 이렇게 말하였다. "이것이 여러분을 다스릴 임금의 권한이오. 그는 여러분의 아들들을 데려다가 자기 병거와 말 다루는 일을 시키고, 병거 앞에서 달리게 할 것이오. 천인대장이나 오십인대장으로 삼기도 하고, 그의 밭을 갈고 수확하게 할 것이며, 무기와 병거의 장비를 만들게도 할 것이오. 또한 그는 여러분의 딸들을 데려다가, 향 제조사와 요리사와 제빵 기술자로 삼을 것이오. 그는 여러분의 가장 좋은 밭과 포도원과 올리브 밭을 빼앗아 자기 신하들에게 주고, 여러분의 곡식과 포도밭에서도 십일조를 거두어, 자기 내시들과 신하들에게 줄 것이오. 여러분의 남종과 여종과 가장 뛰어난 젊은이들, 그리고 여러분의 나귀들을 끌어다가 자기 일을 시킬 것이오. 여러분의 양 떼에서도 십일조를 거두어 갈 것이며, 여러분마저 그의 종이 될 것이오. 그제야 여러분은 스스로 뽑은 임금 때문에 울부짖겠지만, 그때에 주님께서는 응답하지 않으실 것이요."(1사무 8,11-18).

'임금의 권한'에 대한 묘사는 왕정을 신랄하게 풍자한 것이다. 이 본문은 누가 작성했는가? 우리는 이 본문을 기록하고 편집한 이들을 정확하게 알지 못하지만, 본문을 형성한 사람들이 왕정을 반대하는 사람들이라는 점은 확실하다. 이들은 예언자로 제시된 사무엘을 대변인으로 내세운다(3,20).

또 다른 이야기가 왕정을 반대하는 사람들의 정체성을 정확하게 규정할 수 있게 도와준다. 그것은 판관기에 나오는 이른바 요탐의 우화이다.

기름을 부어 자기들의 임금을 세우려고 나무들이 길을 나섰다네. "우리 임금이 되어 주오" 하고 올리브 나무에게 말하였네. 올리브 나무가 그들에게 대답하였네. "신들과 사람들을 영광스럽게 하는 이 풍성한 기름을 포기하고 다른 나무들 위로 가서 흔들거리란 말인가?" 그래서 그들은 무화과나무에게 "그대가 와서 우리 임금이 되어 주오" 하였네. 무화과나무가 그들에게 대답하였네. "이 달콤한 것 이 맛있는 과일을 포기하고 다른 나무들 위로 가서 흔들거리란 말인가?" 그래서 그들은 포도나무에게 "그대가 와서 우리 임금이 되어 주오" 하였네. 포도나무가 그들에게 대답하였네. "신들과 사람들을 흥겹게 해 주는 이 포도주를 포기하고 다른 나무들 위로 가서 흔들거리란 말인가?" 그래서 모든 나무가 가시나무에게 "그대가 와서 우리 임금이 되어 주오" 하였네. 가시나무가 다른 나무들에게 대답하였네. "너희가 진실로 나에게 기름을 부어 나를 너희 임금으로 세우려 한다면 와서 내 그늘 아래에 몸을 피하여라. 그러지 않으면 이 가시나무에서 불이 터져 나가 레바논의 향백나무들을 삼켜 버리리라"(판관 9,8-15).

요탐의 우화는 왕정에 대한 또 하나의 신랄한 비판이다. 이 우화가 생겨난 배경을 쉽게 알아차릴 수 있다. 올리브 기름, 포도주, 무화과를 생산하는 나무들은 아마도 대지주들을 대표할 개연성이 매우 높다. 그들은 자기네 활동의 유익성을 주장하고, 무익하고 해로운 것으로 판단하는 권력의 형태에 대해서는 멸시만 드러내면서 자신들의 입장을 방어한다. 약탈자들과 무자격자들('하찮은 사람들')만 왕권을 갈망한다.

물론, 이스라엘과 유다의 모든 임금이 단죄받는 것은 아니다. 그러나 구원받는 임금들은 얼마 되지 않는다. 다윗, 솔로몬(단지 부분적으로만), 아사(1열왕 15,11), 여호사팟(22,43), 요아스(2열왕 12,3), 아마츠야(부분적으로만: 14,3), 아자르야(15,3), 히즈키야(18,3), 그리고 특히 요시야(22,2)는 몇 안 되는 예외에 속하는 임금들이다. 이 군주들은 모두 유다의 임금이며, 이는 명백히 우연히 이루어진 경우가 아니다.

다른 단락들도 왕정에 대한 성경 저자들의 비판적 관점을 증언하고 있다. 사울과 다윗은 사무엘에게서 기름부음을 받았다(1사무 10,1; 16,13). 사무엘은 우리가 보기에는 너무 우스운 동기로 사울을 두 차례 단죄한다(13,8-14). 첫 번째의 경우 사울은 번제물을 바치기 위하여 이레 동안 사무엘을 기다렸으나 오지 않자, 결국 사울 사신이 번제물을 바친다. 번제물을 바치는 의식을 시작하자마자 사무엘이 도착하여 사울을 비난한다. 사무엘은 사울의 불순종 때문에 왕권을 이미 잃어버렸다고 사울에게 말한다. 두 번째 경우도 동일한 유형이다. 곧, 아말렉인들과 전투를 벌인 뒤에 사울은 아말렉 임금 아각을 즉시 죽이지 않으며, 전리품에서 더 좋은 몫을 완전 봉헌물로 바치지도 않는다(완전히 파괴하지 않는다: 15장). 사무엘의 반응은 똑같다. 곧, 사울은 왕권을 잃는다(15,23). 어떤 희생을 치르더라도 사울의 몰락을 초래해야 한다는 느낌을 받는다. 그런 느낌이 거짓은 아니다. 여하튼, 사울은 역사의 패자이며, 다윗은 승자이다. 다른 경우들과 마찬가지로, 여기에서 지적하는 이유들은 정치적이라기보다 더욱 종교적이다. 다른 많은 경우처럼 이때에도 예언자가 비판을 제기하지 정치적 경쟁자가 그렇게 하지 않는다.

2사무 11-12장에 나오는 다윗의 경우도 마찬가지다. 다윗이 밧세바를 간통한 일과 밧 세바의 남편 우리야를 살해한 일은 그 자체로 중대한 사건이다. 그러나 두 가지 측면이 매우 놀랍다. 첫째는 이스라엘과 유다의 가장 위대한 임금에 관하여 별로 영광스럽지 않은, 달리 말해 수치스러운 사건들을 이야기한다는 것이다. 한 임금이 치욕스럽게 되거나 또는 한 왕조가 패하여 다른 왕국으로 대체되는 때가 아니라면, 다른 문학작품들에는 그와 유사한 내용들이 나오지 않는다. 이와 달리 다윗은 왕좌에 그대로 남아 있다. 둘째 측면은 예언자 나탄의 역할이다. 이스라엘의 가장 위대한 임금이며 자기 이름으로 된 왕국의 창시자인 다윗은 예언자로부터 비난을 받고 단죄를 받았다. 여기서 드러난 다윗의 반응은 본보기가 될 만하다. 그는 예언자의 말에 귀를 기울이고 자신의 잘못을 인정한다. 우리가 앞에서 보았던 것처럼, 다윗의 후계자들 가운데에는 겨우 몇몇 임금만 그와 동일한 길을 따른다(2열왕 17,13-15 참조). 본문은 다윗이 자기가 저지른 범죄의 대가를 치르게 될 것이지만, 왕좌를 잃어버리지는 않을 것임을 시사한다. 결론적으로 지적해야 할 사실이 있다. 심지어 다윗의 사례에서도 왕정 반대편에서 제기하는 비판의 목소리를 느낄 수 있다는 것이다.

우리가 간략하게 분석한 단락들을 고대의 가락을 엮어 곡을 만드는 대위법에 비교할 수 있다. 이야기 전체가 방금 언급한 논제를 드러내기 위하여 구성되었다고 말할 수는 없다. 이와 반대로, 우리는 먼저 사울의 실패 후 다윗이 왕위에 오르는 필연적인 과정을 먼저 살핀 다음(1사무 16장-2사무 10장), 이어서 솔로몬의 왕위 즉위에 이르기까지 승계 과정에 있었던 크고 작은 일들(2사무 11장-1열왕 2장)을 읽어야 한다는 느낌을 받는다. 많은 본문이 다윗의 왕권을 정당화하려고 한다. 다윗에게서 두 번이나 목숨을 건진 사울이 다윗에게 왕권의 정당성이 있음을 인정하는 1사무 24,17-23과 26,21-25, 그리고 1사무 25,28-31에 나오는 '아비가일의 예언'을 그 예로 들 수 있다. 위에서 언급한 것처럼, 비판적 본문들이 대위법으로 다양한 이야기 사이에 첨가되거나 삽입되었다. 다양한 목소리를 듣고 각각의 목소리에서 그 가치를 가려내고 조화시키는 것은 독자의 몫이다. 이제 독자들은 임금을 칭송하는 단락들과 임금을 반대하는 목소리를 표현하는 단락들이 나란히 전하는 이야기가 얼마나 복잡한지를 충분히 알아들었으리라 생각한다.

5. 열왕기: 예고된 재난의 연대기

사무엘기와 열왕기 사이의 구분은 매우 인위적이다. 그럼에도 불구하고 우리는 대부분의 본문에 공통적인 몇몇 특징을 지적할 수 있다. 사무엘기와 열왕기의 더욱 중요한 차이는 문학 유형이다. 사무엘기 상·하권에는 서사(narrativa) 형태가 지배적이다. 이와 달리 열왕기 상·하권에는 북 왕국이든 남 왕국이든 왕국의 짤막한 연대기가 자주 등장하는데, 주로 첫 부분에, 때로는 마지막 부분에 판단이 덧붙여져 있다. 연대기는 의미심장한 삽화를 삽입한 문학작품의 형태를 지니고 있다. 어떤 연대기들은 매우 긴데, 예컨대 예언자 엘리야와 엘리사에 관한 이야기와 전설(1열왕 17장-2열왕 13장)이 그렇다.

우리는 가브리엘 가르시아 마르케즈의 소설《예고된 죽음의 연대기》제목을 각색하여 열왕기의 제목을 "예고된 재난의 연대기"라고 붙였다. 그 이유는 무엇일까? 그러한 선택의 정당성을 제시하기 위하여 나는 다윗이 솔로몬에게 한 유언의 일부 중 결정적 본문을 인용하고자 한다.

이 본문은 전략적으로 중요한 순간에 위치하기 때문에 대단히 중요한 단락임에 틀림없다. 곧, 왕국의 창시자가 죽기 전에 아들에게 성공의 비밀을 맡긴다. 그 단락은 다음과 같다.

> 다윗은 죽을 날이 가까워지자, 자기 아들 솔로몬에게 이렇게 일렀다. "나는 이제 세상 모든 사람이 가는 길을 간다. 너는 사나이답게 힘을 내어라. 주 네 하느님의 명령을 지켜 그분의 길을 걸으며, 또 모세 법에 기록된 대로 하느님의 규정과 계명, 법규와 증언을 지켜라. 그러면 네가 무엇을 하든지 어디로 가든지 성공할 것이다. 또한 주님께서 나에게 '네 자손들이 제 길을 지켜 내 앞에서 마음과 정성을 다하여 성실히 걸으면, 네 자손 가운데에서 이스라엘의 왕좌에 오를 사람이 끊어지지 않을 것이다.' 하신 당신 약속을 그대로 이루어 주실 것이다"(1열왕 2,1-4).

처음에 여호수아에게 발설되었으며 이 장의 두 번째 단락("여호수아: 라삐인가, 정복자인가?")에서 인용된 신탁은 독자들에게 큰 영향을 끼친다. 곧, 독자는 유사한 서언('힘을 내어라'), 세심한 주의를 기울여 율법을 준수하라는 권면, '기록된 율법'에 대한 언급, 그리고 율법 준수와 하는 일에 대한 성공의 연관성을 생각하게 될 것이다. 현재 본문의 새로운 요소는 왕조에 관한 신탁이다. 곧, 다윗 왕조의 미래는 이스라엘의 하느님(과 하느님의 율법)에 대한 충실성과 연결되어 있다는 것이다. 이제 우리가 강조해야 할 점이 바로 이것이다. 다윗의 죽음은 처음으로 승계 문제를 제기한다. 다윗 자신이 자기 뒤에 왕좌에 오를 사람들이 율법에 충실하게 머문다면, 왕조의 미래는 보장될 것이라고 확언한다. 동시에 승계의 열쇠는 이스라엘과 유다 왕정의 전체 역사를 읽는 열쇠이기도 하다. 우리는 마지막 재난을 어떻게 해석해야 할지를 미리 알고 있다. 곧, 그 원인은 하느님과 (기록된) 율법에 대한 불충실이다. 동일한 의미가 '주님의 집을 짓는 것을 마쳤을 때' 주님께서 솔로몬에게 말한 신탁(1열왕 9,1-9)에서 아주 유사한 말로 되풀이될 것이다.

이스라엘에서 왕정은 율법에 예속되어 있다. 오늘날 우리는 이것을 '입헌군주제'라고 부를 수 있을 것이다(신명 17,18 참조). 율법은 모든 왕국을 측정할 수 있는 '척도'를 제공하고 있다. 왕국의 거의 모든 연대기의 시작 부분에 친숙한 표현이 나오는 것을 보고 놀랄 필요가 없다. 달리 말해 다윗이 자기 아들 솔로몬에게 말했던 이스라엘의 하느님에 대한 충실성과 연관하여 임금을 평가하는 것을 보고 놀랄 필요가 없다는 것이다.[27] 1열왕 11,4에 따르면 불충실한 첫 번째 임금

---

[27] 이스라엘의 임금: 1열왕 13,34(예로보암); 15,25-26(나답); 15,33-34(바아사); 16,25-26(오므리); 16,29-33(아합); 22,52-54(아하즈야); 2열왕 10,31(예후); 13,1-2(여호아하즈); 13,10-11(여호아스); 14,23-24(예로보암 2세); 15,8-9(즈카르야); 15,17-18(므나헴); 15,23-24(프카흐야); 15,27-28(페카); 17,1-2(호세아). 유다의 임금: 1열왕 14,21-24(르하브암); 15,1-5(아비얌); 15,9-11(아사); 22,41-44(여호사팟); 2열왕 12,1-4(요아스); 14,1-3(아마츠야); 15,1-4(아자르야); 15,32-35(요탐); 16,1-4(아하즈); 18,1-3(히즈키야); 21,1-2(므나쎄); 22,1-2(요시야); 23,31-32(여호아하즈); 23,36-37(여호야킴); 24,8-9(여호야킨); 24, 17-20(치드키야).

은 솔로몬이다. "솔로몬이 늙자 그 아내들이 그의 마음을 다른 신들에게 돌려놓았다. 그의 마음은 아버지 다윗의 마음만큼 주 그의 하느님께 한결같지는 못하였다." 솔로몬의 모든 지혜, 대담한 사업들, 그의 왕국의 영광도 그가 불충실했다는 사실을 숨기지 못한다.

두 왕국의 군주들에 대한 평가는 당시 상황에 크게 영향을 받지 않는다. 판박이 문구들로 평가하고 있으며 저술가가 윤리적이고 종교적인 면에서 비판하기 위하여 각 임금의 '점수를 매기고자' 했다는 느낌을 받는다. 사실 거의 모든 임금이 '낙제 점수'를 받았다. 앞에서 살펴보았던 것처럼, 몇몇 임금만이 '통과'하였다.[28] 비록 품행이 완전히 올바른 것은 아니었다고 할지라도 본보기는 다윗이다(1열왕 11,4; 15,11; 2열왕 14,3; 18,3; 22,2). 예를 들어 히즈키야에 대해서는 다음과 같이 말한다. "그는 자기 조상 다윗이 하던 그대로, 주님의 눈에 드는 옳은 일을 하였다"(2열왕 18,3).

다윗이 얻은 점수는 분명히 상황 때문에 미화되었다.

말하자면 '득점'의 핵심 요소는 '높은 곳', 달리 말해 언덕 위에 세워져 지역의 여러 신에게 봉헌된 산당들, 또는 더 단순하게 말해 이스라엘의 하느님을 위한 지역 산당이다. 유다의 몇몇 임금은 산당들

---

[28] 앞에서 살펴보았던 것처럼, 통과한 임금은 다음과 같다: 다윗과 아사(1열왕 15,11), 여호사팟(22,43), 요아스(2열왕 12,3), 아마츠야(부분적으로만: 14,3), 아자르야(15,3), 히즈키야(18,3), 그리고 특히 요시야(22,2).

을 세운 것 때문에[29] 또는 산당들을 없애지 않았기 때문에[30] 단죄를 받았다. 이와 달리 두 임금, 곧 히즈키야(2열왕 18,4.22)와 요시야(23,8.13)는 산당들을 없앴다고 칭송을 받았다. 북 왕국에서 공통되는 평가는 이와 다르다. 임금은 일반적으로 예루살렘의 성전에 대항하는 두 개의 산당, 곧 하나는 베텔에, 다른 하나는 단에 산당을 세우고 각기 담당 사제를 세운 예로보암의 죄를 모방한 것 때문에 비난을 받았다. 1열왕 13,33-34은 담당 사제들을 둔 '산당들'에 대해서도 말한다. '예로보암의 죄'는 자신이 속한 왕조들과는 별개로 그의 모든 후계자에 의해 예외없이 규칙적으로 되풀이될 것이다.[31]

문제가 된 죄는 어떤 것인가? 독자는 경쟁자 격인 다른 산당들을 허용하지 않는 예루살렘 성전의 특별 규정이 의미하는 바를 알아챌 수 있을 것이다. 솔로몬은 하느님의 성전 곁에 다른 산당들을 지은

---

[29] 1열왕 11,7(솔로몬); 14,23(르하브암과 유다 왕국); 2열왕 21,3(므나쎄).

[30] 1열왕 15,14(아사); 22,44(여호사팟); 2열왕 12,4(요아스); 14,4(아마츠야); 15,4(아자르야); 15,35(요탐). 평행문인 2역대 11,15; 14,2.4; 15,17; 17,6; 20,33; 31,1; 33,3.19 참조. 또한 시편 18(17),34; 이사 36,7; 37,24; 58,14; 예레 3,2; 7,31; 12,12; 19,5; 32,35; 48,35; 아모 7,9; 하바 3,19도 보라.

[31] 1열왕 15,26.30(나답); 15,34과 16,2(바아사); 16,19(지므리); 16,26(오므리); 16,31과 21,22(아합); 22,53(아하즈야); 2열왕 3,3(요람); 10,29.31(예후); 13,2.6(여호아하즈); 13,11(여호아스); 14,24(예로보암); 15,9(즈카르야); 15,18(므나헴); 15,24(프카흐야); 15,28(페카); 17,21-22(이스라엘 전체). "다른 이들보다 덜" 죄를 지은 유일한 사람은 사마리아의 마지막 임금 호세아다(2열왕 17,2). 또한 2열왕 17,11의 일반적 심판과 1열왕 13,2에 나오는 한 예언자의 사전 단죄도 참조하라.

것 때문에 단죄받는다(1열왕 11,1-3). 그러나 이스라엘과 유다의 땅 전체에서 합법적 산당은 하나밖에 없다는 것을 깨닫게 된 때는 요시야 임금이 개혁을 일으킨 다음이었다(2열왕 23,1-20). 이 개혁은 예루살렘 성전에서 한 권의 책을 발견하면서 시작되었다(22장; 참조 23,22). 아무튼 요시야의 개혁, 특히 예배의 중앙 집중화와 정화는 이스라엘과 유다의 모든 임금에 대한 심판의 기준을 제공한다.[32] 저술가들은 요시야의 개혁이 일으킨 후속 사건에 비추어 왕정의 역사를 판독하였다. 다른 경우들과 마찬가지로 후대의 의미로 역사를 읽으며 현재 또는 가까운 과거의 교훈들을 먼 과거에 투사한다. 심판은 명확히 선입관에 가까우며, 무엇보다도 북 왕국에 별로 호의적이지 않고 매우 국수적인 예루살렘의 사고방식을 반영한다.

지금까지 우리가 살펴본 것을 모두 한데 모은다면, 열왕기 저술가들에 의해 제공된 왕정의 해석에는 적어도 두 가지 주요한 노선이 있다고 말할 수 있다. 그 가운데 하나는 '토라'에 근거한 것으로 몇몇 주석학자가 지칭하듯 '율법주의 노선'(linea nomistica)[33]이라고 부를 수 있다. 두 번째 노선은 예배에 관한 것으로 구분되는데, 왜냐하면 무

---

[32] 우리가 알고 있는 것처럼, 요시야가 적용한 율법은 대부분 신명 12장과 13장에 나온다. 요시야의 개혁과 신명 12-13장 사이의 연결점은 개혁 자체의 역사성과 마찬가지로 오늘날 대단히 논란이 되고 있는 문제이다.

[33] '율법'을 뜻하는 그리스어 *nòmos*에서 유래한다. '법률주의' 노선이라고 말할 수도 있겠지만, 이 용어는 경멸적 의미를 가지고 있다.

엇보다도 예배를 지방에서 예루살렘으로 집중하는 데 관심을 갖고 있기 때문이다.

그런데 반드시 언급해야 할 세 번째 노선도 있다. 내가 '예언 노선'에 대해 말한다고 해서 놀랄 사람은 아무도 없을 것이다. 예배적 노선보다 산발적으로 존재하지만, 그 중요성은 부정할 수 없다. 예언 노선은 두 번에 걸쳐 중대한 방식으로 나타난다. 하나는 1열왕 17장-2열왕 13장에서 엘리야와 그의 제자 엘리사와 더불어 나타난다. 다른 하나는 히즈키야가 다스릴 때 이사야의 개입과 더불어 나타난다(2열왕 19-20장). 우발적으로 언급된 다른 예언자들도 있다. 예를 들어 실로의 아히야 예언자(1열왕 11,29-39; 14,2-16), 르하브암 시기의 예언자 스마야(12,22-24), 1열왕 13장에 나오는 익명의 예언자들, 하나니의 아들 예후 예언자(16,1.7.12), 사마리아 왕국과 시리아의 전쟁 동안 개입한 북 왕국의 익명의 예언자(20,14.22.28), 아합의 죽음을 전하는 이야기에서 이믈라의 아들 미카야 예언자(22,13-27), 엘리사의 파견을 받고 예후에게 기름을 부은 예언자(2열왕 9,1-10), 요나서의 주인공에게 자기 이름을 주게 될 아미타이의 아들 요나 예언자(14,25), 성전에서 '율법서'를 발견한 뒤에 요시야 임금에게 의견을 제시한 훌다 여예언자(22,12-20)가 있다.

구약성경의 수많은 수수께끼 가운데 하나, 즉 열왕기 상·하권에 언급된 예언자 명단에 예레미야 예언자가 없다는 것을 언급하지 않을 수 없다. 2열왕 22-25장에 기술된 모든 사건에 존재하지만, 그의 이름은 한 번도 나타나지 않는다. 이를 설명하는 견해가 많지만, 그 가운데 한 가지 설명은 바빌로니아를 선호하는 예레미야의 입장(예레 21,8-10과 27장 참조)에서, 그리고 성전과 예루살렘 도성을 냉혹하게 비판하는 데(예레 5,1-9; 7장)에서도 찾을 수 있을 것이다. 열왕기 저자들의 민족주의 관점에서는 그의 비판이 지나치다고 생각했을 수 있다.

우리의 주제로 돌아가자. 이스라엘과 유다 역사의 큰 사건들은 예언자들에 의해 예고되었으며, 예견된 대로 정확하게 이루어진다. 간단히 말해 왕정의 역사에서 어떤 것도 우연하게 일어나지 않는다. 모든 일에는 하나의 원인이 있으며 모든 사건이 예언자들에 의해 사전에 미리 발설되었다. 중요한 사건들만 인용하면 다음과 같다. 곧, 솔로몬 왕국의 분열(1열왕 11,129-39), 베텔의 제단이 무너짐(13장), 후계자가 되었어야 할 예로보암의 아들의 상징적 죽음(14,1-18), 바아사 집안의 몰락(16,1-2.12), 아합 집안의 비극적 파멸(22장), 그리고 두 왕국의 함락(2열왕 18,13)을 지적할 수 있다. 그렇지만 예언자의 말에 귀를 기울였을 때에는 만사가 매우 순조롭게 진행된다. 예를 들어, 르하브암이 스마야에게 순종할 때(1열왕 12,22-24), 이스라엘의 임금들이 엘리사에게 귀를 기울일 때(2열왕 3,4-27; 6,8-23; 6,24-7,20; 13,14-19), 히즈키야가 이사야의 말을 들을 때(19-20장), 또는 요시야가 성전에서 발견된 '책'을 해석하는 여예언자 훌다의 말에 귀를 기울일 때(22,12-20)에는 매사가 잘 진행된다. 긍정적이든 부정적이든, 예언 말씀의 효력을 강조하기 위하여 그러한 단락들에는 "주님께서 예언자를 통하여 하신 말씀이 그대로 이루어졌다"[34] 라는 후렴의 역할을 하는 문장이 들어 있다.

특별히 지적해야 할 사실이 하나 있다. 히즈키야는 이사야의 말에 귀를 기울였고, 예루살렘은 아시리아 임금 산헤립에 의해 파괴되지 않았다(19장). 훌다는 요시야 임금에게 예루살렘의 파괴를 예고했지만, 주님의 성전에서 발견된 '책' 곧 율법서의 말씀을 듣고 옷을 찢은 요시야는 살아남았다. 교훈은 명백하다. 예루살렘과 그 우두머리들이 히즈키야와 요시야처럼 예언자들의 말에 귀를 기울였다면, 도성은 파괴되지 않고 보전되었을 것이다.

지금까지 지적한 다양한 요소 - 율법의 핵심 역할, 예루살렘과 그 성전의 중심성, 예언자들의 결합 기능 - 가 서로 조화되지 않는 방식으로 동일한 연대기에 기록될 수 있었을 것이다. 예로보암 2세의 왕국(기원전 약 787-747년)에 관한 짤막한 대목인 2열왕 14,23-29의 한 가지 예만으로도 이 점을 충분히 알 수 있다.

유다 임금 요아스의 아들 아마츠야 제십오년에 이스라엘 임금 여호아스의 아들 예로보암이 임금이 되어, 사마리아에서 마흔한 해 동안 다스렸다. 그는 주님의 눈에 거슬리는 악한 짓을 저지르며, 이스

---

34) 1열왕 13,26; 14,18; 15,29; 16,12.34; 17,16; 22,38; 2열왕 1,17; 10,17; 24,2.13을 보라.

라엘을 죄짓게 한, 느밧의 아들 예로보암의 모든 죄에서 돌아서지 않았다. 그가 하맛 어귀에서 아라바 바다에 이르기까지 이스라엘 영토를 되찾았다. 이는 주 이스라엘의 하느님께서 갓 헤페르 출신으로 당신의 종인, 아미타이의 아들 요나 예언자를 통하여 하신 말씀 그대로다. 종이든 자유인이든 이스라엘을 도와주는 이 없이, 그들이 매우 쓰리게 고생하는 것을 주님께서 보셨던 것이다. 주님께서는 이스라엘의 이름을 하늘 아래에서 지워 버리겠다고 하지는 않으셨으므로, 여호아스의 아들 예로보암을 통하여 그들을 구원하셨다. 예로보암의 나머지 행적과 그가 한 모든 일, 그의 무용과 그가 한 전쟁, 그리고 그가 유다에 속하였던 다마스쿠스와 하맛을 이스라엘로 복귀시킨 일에 관한 것은 이스라엘 임금들의 실록에 쓰여 있지 않은가? 예로보암이 자기 조상 이스라엘의 임금들과 함께 잠들자, 그의 아들 즈카르야가 그 뒤를 이어 임금이 되었다.

주의 깊은 독자는 위의 2열왕 14,24에 표현된 임금에 대한 부정적 평가와 이 단락의 나머지 구절들이 극명하게 대비된다는 것을 알 수 있을 것이다. 예로보암 2세의 -경감된- 죄는 대단히 중대한 것 같다. 그렇다면 왜 그의 왕국이 오랫동안 -40년- 지속되었는지(14,23), 왜 그가 하는 일들이 예언에 의해 확정되는지(14,25), 고통받으며 비참하게 된 이스라엘을 구원하기 위하여 왜 그가 하느님에게 선택된 도구인지(14,27), 왜 그가 당신 백성을 향한 하느님의 진노를 막을 수 있없는지(14,28)를 이해하기 어렵다. 결국 예로보암 2세의 왕조는 북 왕국의 전체 역사에서 가장 긍정적인 왕조 가운데 하나가 된다. 우리는 성경 저자들이 본체는 수정하지 않은 채 이미 존재하는 연대기들에 자신들의 긍정적 또는 부정적 평가를 덧붙였다는 것을 한번 더 확인하게 된다. 성경에서는 예컨대 투키디데스가 했던 것처럼, 기준이 되는 한두 가지 사상에 근거하여 자료 전체를 재작업하기보다는 첨가하고 재배열하는 것을 선호한다.

이 입문서에서 본문을 상세하게 분석하기는 불가능하다. 본문에는 때로는 어려운 문체와 지나치게 경직된 것으로 보일 수 있는 이념이 있는 게 사실이다. 그럼에도 불구하고 이미 설명한 여러 요소만으로도 매우 매력적인 역사서 본문을 효과적으로 읽어 나갈 수 있을 것이다. 그러한 '역사'는 명백하게 백성이 더 이상 땅을 소유할 수 없을 때, 그리고 백성에게 중요한 왕정과 성전 같은 제도가 사라질 때, 백성의 운명을 이해하고 자신의 정체성을 보호하려는 목적에서 쓰였다.

6. 이스라엘 국립도서관의 '전기 예언서들'

우리의 짧막한 여정을 마치면서 해결해야 할 문제가 하나 남아 있다. 곧, 누가 다양한 책을 수집하였으며, 누가 그 책들을 이스라엘 국립도서관에 넣었는가? 물론 우리는 그것을 확실하게 알지 못한다. 그러나 우리는 이야기된 그대로의 역사가 예리코 앞 광야에서(여호 1장) 시작되고, 바빌로니아에서 끝난다(2열왕 25장)는 것을 살펴보았다. 달리 말해, 이야기는 여호수아가 땅을 정복하는 것으로 시작하여, 바빌로니아인들이 독립된 약속의 땅을 완전히 점령하고 유다 왕국이 몰락하는 것으로 끝난다. 그러므로 땅의 소유는 우리의 국립도서관에서 '전기 예언서들'이라는 책장 위에 한데 모은 책들의 수집물을 관통하는 핵심 줄기다.

다양한 책이 약속의 땅을 잃어버린 이유에 대하여 설명하고 있다. 우리는 중요한 몇몇 본문을 언급하였을 뿐, 다른 본문은 언급하지 않았다. 언급한 본문들은 결정적인 역사적 순간에 발설된 담화이며, 우리가 신명기에서 만난 것과 똑같은 전형적인 문장론과 어휘로 이루어진 담화이다. 언급한 담화는 다음과 같다.[35]

1. 정복 이전에 여호수아에게 한 하느님의 이중 담화
   (여호 1,1-6; 1,7-9).

---

[35] 전문가들은 여기에서 마르틴 노트가 자신의 '신명기계'에 속하는 것으로 생각한 담화들의 명단과 대단히 유사한 명단을 보게 될 것이다. M. Noth, *Überlieferungsgeschichtliche Studien. Die Sammelnden und bearbeitenden Geschichtwerke im Alten Testament*, Halle, Niemeyer, 1943, pp. 43-266 (영어 번역본: *The Deuteronomistic History*, Sheffield, Journal for the Study of the Old Testament Press, 1991) 참조. 마르틴 노트는 여호 1,1-9; 12,1-6; 23장; 판관 2,11-3,6; 1사무 12,1-15; 1열왕 8,14-53; 2열왕 17,1-23과 같은 본문들을 담화라고 생각한다.

2. 여호수아의 고별 담화(여호 23장).
3. 베텔에서 있었던 주님의 천사의 담화(판관 2,1-5).
4. 판관들의 시기에 관한 설화자의 담화(판관 2,6-3,6).
5. 왕정을 창건하기 전 사무엘의 담화(1사무 12장).
6. 성전 축성식에서 있었던 솔로몬의 기도(1열왕 8장).
7. 사마리아의 함락 후에 설화자가 한 담화(2열왕 17장).

모든 담화가 다 동일한 신학이나 이념을 반영하지는 않지만 자주 포함된 몇몇 주제는 있다. 곧 율법 준수와 주님(야훼)하고만 맺은 계약에 대한 충실성의 중요성, 다른 신들을 숭배하고 다른 백성들과 계약을 맺을 때의 위험 등이 그러하다.

그렇기 때문에 역사서들 또는 '전기 예언서들'은 이스라엘이 땅과 독립을 빼앗긴 이유를 설명하기 때문에 이스라엘 국립도서관에 수록되어 있다. 그러나 다른 이유 때문이기도 한데, 역사서들은 이스라엘이라는 존재가 지닌 영원한 가치, 곧 모세의 율법에 포함되어 있는 영원한 가치들을 강조한다. 땅을 잃어버리고 왕정이 끝났음에도 불구하고 살아남은 이 가치들로 인해 백성은 역사에서 크고 작은 모든 일을 거쳐 갈 수 있게 된다.

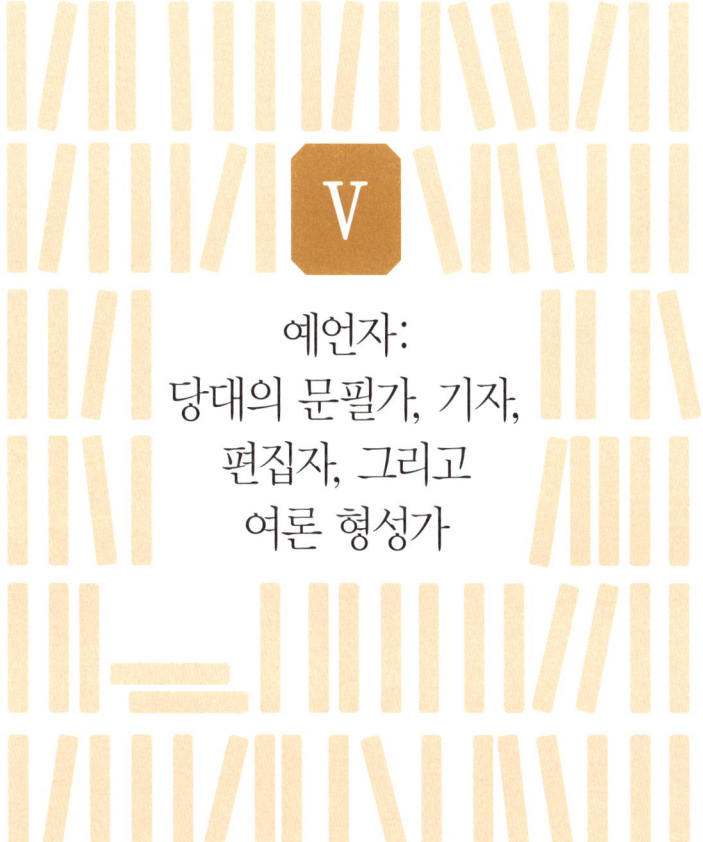

V

예언자:
당대의 문필가, 기자,
편집자, 그리고
여론 형성가

우리는 이미 몇몇 예언자, 특히 엘리야와 엘리사, 이사야와 예레미야에 대하여 언급하였다. 또한 히브리 성경에서 예언자들은 '토라'의 주석가로 여겨졌다는 것도 살펴보았다. 나는 이 장에서 각 예언서에 대해 세세한 입문을 제시하기보다는 오히려 예언 세계의 일반적 틀을 제공하려고 한다. 예언 세계에는 양질의 입문서가 많이 있다. 다른 곳에서 잘 언급된 것을 이 자리에서 되풀이하는 것은 무익한 일이다.[36]

---

36) L. Alonso Schökel-J. L. Sicre Díaz, *I Profeti*, ediz. it. a cura di Gianfranco Ravasi, Roma, Borla, 1984; J. M. Abrego de Lacy, *I libri profetici*, ediz. it. a cura di Antonio Zani, Brescia, Paideia, 1996; S. Amsler et al., *Les prophètes et les livres prophétiques*, Paris, Desclée de Brouwer, 1985; J. Barton, *Oracles of God: Perceptions of Ancient Prophecy in Israel after the Exile*, London, Darton Longman and Todd, 1986; J. Blenkinsopp, *Storia della profezia in Israele*, Brescia, Queriniana, 1997; C. E. Carter-M. Nissinen (a cura di), *Images and Prophecy in the Ancient Eastern Mediteranean*, Göttingen, Vandenboeck & Ruprecht, 2009; R. E. Clements, *Old Testament Prophecy: From Oracles to Canon*, Louisville (KY), Westminster John Knox Press, 1996; A. J. Hauser-S. Kaufman (a cura di), *Recent Research on the Major Prophets*, Sheffield, Phoenix Press, 2008; R. G. Kratz, *I profeti di Israele*, Brescia,

1. '저술' 예언자들과 그 시기 공공 생활의 주역들

우리가 제기할 중요한 질문은 고대 이스라엘에서 예언자들이 맡은 역할을 더욱 명확하게 규정하게 할 것이다. 그런 개념 규정으로 히브리 성경에 수록된 전형적인 예언문학의 존재를 더 잘 이해할 수 있다. 그리하여 더 나아가, "왜 이스라엘 국립도서관은 '후기 예언서'라는 제목의 한 부분을 포함하고 있는가?"라고 물을 수 있을 것이다.

나는 현실적인 비교에서 출발할 것을 제안한다. 나는 구약성경의 예언자들이 오늘날의 위대한 언론인, 특히 편집인이나 여론 형성가와 비슷하다고 생각한다. 오해를 피하기 위하여 앞으로 제기될 이의를 즉시 공개하고자 한다. 성경의 세계에는 정기간행물이 존재하지

Queriniana, 2006; Th.L. Leclerc, *Introduction to the Prophets: Their Stories, Sayings and Scrolls*, New York, Paulist Press, 2007; B. Marconcini et al., *Profeti e apocalittici*, Leumann (TO), Elle Di Ci, 1994; D. L. Petersen, *The Prophetic Literature: An Introduction*, Louisville (KY), Westminster John Knox Press, 2002; P. L. Redditt, *Introduction to the Prophets*, Grand Rapids (MI), Eerdmans, 2008; A. Rofé, *Introduzione alla letteratura profetica*, Brescia, Paideia, 1995; J. F. A. Sawyer, *Prophecy and the Prophets of the Old Testament*, Oxford-New York, Oxford University Press, 1987; C. R. Seitz, *Prophecy and Hermeneutics. Toward a New Introduction to the Prophets*, Grand Rapids (MI), Baker Academic, 2007; J. L. Sicre Díaz, *Profetismo in Israele. Il Profeta, i Profeti, il messaggio*, Roma, Borla, 1995; A. Spreafico, *I profeti*, Bologna, Edizioni Dehoniane, 1993; Id., *La voce di Dio. Per capire i profeti*, Bologna, Edizioni Dehoniane, 1998(《하느님의 목소리》, 박요한 영식 옮김, 성서와함께, 2003); M. A. Sweeney, *The Prophetic Literature*, Nashville (TN), Abingdon Press, 2005.

않았으며 우리가 대중매체, 특히 '여론'이라고 부르는 것은 대단히 현대적인 개념이다. 관련 전문가들에 따르면, 고대 이집트와 고대 메소포타미아 국민의 1퍼센트만 읽고 쓸 수 있었다. 문자 체계가 훨씬 더 단순하고 교육이 크게 확대되었던 고대 그리스에서도 5퍼센트에 불과하다고 말한다. 고대 이스라엘은 아마 이 둘의 중간 정도에 위치할 것으로 여겨진다. 그러나 이 적은 비율의 국민이 대단한 영향력을 발휘하였다. 그들은 지배 계층에 속하거나 지배 계층을 위해 일하는 사람들이었다. 예언자들은 역사의 특정한 순간에 이스라엘의 집단적 양심을 형성하였다. 더 나아가 그들은 역사적 사건을 평가하고 자신들의 의견을 피력하였는데, 그것들은 사건들로 입증되었다. 이런 관점에서 볼 때, 그들은 오늘의 여론 형성가와 유사하다.

그들은 무엇에 대하여 말하였는가? "전기 예언자들"(여호수아기-열왕기 하권)은 과거, 현재를 이해하도록 도와주는 어느 정도 전설적이며 때로는 신화적인 과거에 관여한다. "후기 예언자들"(이사야서-말라키서)은 미래의 기본 윤곽을 발견하기 위하여 특히 현재를 찬찬히 살핀다. 오늘날에는 예언자들이 주로 '현실적인 문제들'(attualità)을 다룬다고 말할 수 있을 것이다. 이 용어는 현실의 다양한 측면을 포괄하는 의도적 표현이다. 왜냐하면 성경의 세계도 오늘날처럼 공공생활의 다양한 측면이 자주 밀접히 연결되어 있기 때문이다. 종교, 경제, 그리고 사회 문제들을 언급하지 않은 채 정치에 대해 말하기는 어렵다. 예언자들의 신탁에서 우리는 어떤 형태로든 위에서 언급한 모든 측면을 찾아볼 수 있다. 어떤 예언자들, 예를 들어 호세아는 넓은 의미에서, 종교적인 문제들을 적극적으로 제기한다. 다른 예언자들은 아모스의 경우처럼 사회정의에 대해 문제를 제기한다. 이사야와 예레미야는 아시리아의 침공 시기와 이후 신바빌로니아 점령 시기의 임금들과 지배자들이 보인 정치적 행보를 거론한다. 미카는 수도 예루살렘을 반대하고 유다 시골의 큰 자산가들의 이익을 방어한다. 이른바 제2이사야서(이사 40-55장)는 예루살렘의 운명을 예견하기 위해 당시의 국제 상황 – 페르시아 임금 키루스의 등장부터 바빌로니아 제국의 종말까지 – 을 평가한다. 한편, 에제키엘서는 성읍의 재건과 보수 계획을 완성하기 위하여 기원전 587년 예루살렘 함락의 원인을 분석한다. 그의 책에는 동일한 논제에 관한 최근 작품의 제목, 곧 "예루살렘의 함락과 재건"(The Fall and Rise of Jesusalem)이란 제목을 적용할 수 있을 것이다.[37] 소예언자들은 식별하기가 항상 쉽지만은 않은 특정한 상황에서 개입한다. 요엘서는 긴 참회 전례와 시기를 정확히 알 수 없는 역경에 대한 다양한 성찰을 포함하고 있다. 나훔서는 이스라엘이 증오하던 아시리아의 수도, 니네베의 함락에 즈음한 환희의 노래를 반향한다. 오바드야서는 기원전 587년 바빌로니아인들이 거룩한 도성을 파괴하는 일에 끼어들어 이득을 취했던 에돔에 대한 예루살렘의 분노를 표현한다(시편 137,7 참조). 하바쿡서

---

[37] O. Lipschits, *The Fall and Rise of Jesusalem*, Winona Lake (IN), Eisenbrauns, 2005.

는 칼데아인들, 곧 신바빌로니아 제국의 위협으로 예루살렘을 사로잡은 공포에 대해 말한다. 스바니야서는 예배의 타락과 정치적 판단의 결핍을 맹렬히 비난하기 위하여 특히 유다와 예루살렘에 맞서 분노를 폭발한다는 점에서 예레미야서와 유사하다. 스바니야서는 또한 다른 국가들에 반대하는 신탁들도 포함하고 있는데, 이는 예언서들에서 발견되는 전통적 요소이다(스바 2,4-15; 참조 이사 13-23장; 예레 46-51장; 에제 25-32장; 요엘 4장; 아모 1-2장). 하까이서는 예루살렘에 귀환한 유배자들에게 그들의 의무, 특히 성전 재건을 기억시키려고 애쓴다. 편찬된 책인 즈카르야서는 유배자들이 귀환한 이후 펼쳐진 분쟁 상황에 대한 성찰을 포함하고 있다. 말라키서 - 말라키는 '주님(야훼)의 사자'를 뜻한다 - 는 유배 이후의 사제들을 가혹하게 비판하고, 하느님의 임박한 징벌적 개입을 예고한다.[38]

이런 점에서 예언자들이 국가의 공공 생활에 밀접하게 개입하였다는 것이 명백하다. 이들 중 상당수가 대귀족 가문에 속했는데, 두 가지 단서가 이 의견을 증명한다. 첫째, 그들은 왕실과 자주 접촉한다. 그들은 정기적으로나 비정기적으로 임금에게 조언하는 자이다. 둘째, 그들은 해박하며 교육받은 사람이다. 그들은 어느 정도 문학적 양성을 받은 사람이라는 것을 입증하는 문서들을 유산으로 남겨놓았다. 국민 가운데 높은 계급, 달리 말해 지배계급에 속하지 않고

---

[38] 잘 알려져 있듯이, 요나서는 하나의 이야기이지 엄밀히 말해 예언서가 아니다.

서는 그와 같은 특징들을 가지기 어렵다.

예를 들어, 이사야와 예레미야는 군주들을 자주 만나고 조언하였다. 그러나 군주들이 항상 그들의 말에 귀를 기울이지는 않았다. 그들의 판단과 역사의 평가에 따르면 임금들이 예언자들의 말을 듣지 않은 것은 잘못이었다. 이는 엘리야와 엘리사의 경우도 마찬가지다. 우리는 엘리야와 엘리사가 자주 군주들과 입씨름을 하는 것을 본다. 엘리야는 아합은 물론 왕후 이제벨과 충돌하였으며, 엘리사는 그보다 훨씬 더 유연하게 군주를 대했다.

아모 1,1과 7,4에 따르면, 예언자 아모스는 목양업자, 달리 말해 수많은 가축의 소유자였다. 아모 1,1에 나오는 해당 단어(*nôqēd*)는 매우 드물게 쓰였는데 2열왕 3,4에서 모압 임금 메사를 가리키는 데에 사용되었다. "모압 임금 메사는 목축을 하는 사람으로서, 이스라엘 임금에게 어린양 십만 마리, 그리고 숫양 십만 마리의 털을 바쳐 왔다." 아모 7,14에 사용된 용어(*bôqēr*)가 이를 확인해 주는데, 이 용어는 의심할 여지 없이 큰 무리의 가축 소유주를 뜻한다. 사실 이 용어는 '큰 짐승'을 뜻하는 단어 *bāqār*와 동일한 어근에서 유래한다. 이와 달리 아모 7,15에서는 작은 짐승(*ṣōn*)에 대해 말한다. 자주 "돌무화과나무를 가꾸는 사람"(*bôlēs šiqmîm*)으로 번역되는 14절의 또 다른 용어는 무척 수수께끼 같은 단어이다. 아마 아모스는 건축 자재로 쓰이는 목재를 생산하는 돌무화과나무 생산지의 소유자였을 것이다(이사 9,9 참조). 어쩌면 그 단어는 한 해에 서너 번 과실을 내는 무화과

나무(*ficus sycomorus*)를 가리킬 것이다. 여하튼 아모스는 단순한 목자나 양치기가 아니다.

에제키엘과 마찬가지로(에제 1,3) 예레미야는 사제였다(예레 1,1). 다른 지역과 마찬가지로 이스라엘에서도 사제들은 일반적으로 교육받은 사람이다. 왜냐하면 '율법'을 가르치고 예배 자료들을 백성에게 교육시켜야 할 책임을 맡고 있기 때문이다(신명 33,10; 예레 18,18 참조). 그러나 예레미야는 아나톳에 '유배 간' 사제 가문에 속하며(1열왕 2,26-27 참조), 에제키엘은 예루살렘 성전에서 봉직하는 사제들 중 한 명이다. 이와 같은 특별한 사항은 적어도 부분적으로는 이 두 예언자가 단순히 거룩한 도성의 성전의 역할에 관해서뿐 아니라, 여러 가지 면에서 매우 다른 입장을 보이는 이유를 설명해 줄 수 있다.

다른 예언자들에 대해서는 알려진 것이 매우 적다. 예를 들어, 미카 예언자에 대해서는 예루살렘 남서쪽에 위치한 라키스 근처에 있는 유다 왕국의 성읍인 모레셋 사람이라고만 말한다. 우리가 그의 신탁들에서 유추할 수 있는 바에 따르면, 그는 아마도 유다의 대지주 계급에 속하였을 것이다. 그러나 우리는 그의 사회적 지위에 관하여 어떤 상세한 정보도 가지고 있지 않다. 다른 예언자들에 대해서는 족보에 관한 일부 사항들 외에는 우리가 아는 바가 더 적다.

나는 '여론 형성가'라는 표현을 선호하지만, 예언자들을 '정치가'라고 말할 수도 있을 것이다. 그들의 정치적 결정 때문이 아니라 그들의 입장을 용감하게 견지한 덕분에 영향력을 행사하였기 때문이다. 그들은 사건들에 대한 비전과 백성의 미래에 대한 비전을 가지고 있었는데, 그것은 선동적이거나 기회주의적이지 않았다. 이런 이유 때문에 예언자들은 자주 군주들과 대립하였는데, 군주들은 종종 눈앞에 보이는 이득과 성과라는 신기루를 좇았다. 선견지명은 임금들의 주요한 덕목이 아니었으며, 그래서 저술 예언자들의 글에서는 질책이 자주 쏟아졌다.

2. '저술' 예언자들과 신아시리아와 신바빌로니아의 침공

대예언자들은 아시리아의 첫 침공의 시기와 맞물려 나타난다. 연대기적으로 첫 번째 '저술' 예언자인 아모스는 예로보암 2세 때 활동하였다(기원전 787-747년; 참조 아모 1,1). 그의 책은 아시리아인들에 대해 한 번도 언급하지 않지만, 임박한 침공(3,11; 6,14; 참조: 7,9; 9,1-4)과 백성의 유배를 예고한다(7,11.17). 아시리아인들은 점령지의 백성을 유배지로 끌고 갔다. 아모스가 암시하는 바가 너무 부정확하여 명확하게 규정할 수는 없지만, 여하튼 그는 이 사실을 알고 있었던 것 같다. 성경에 언급된 첫 번째 아시리아 임금은 티글랏 필에세르 3세(기원전 747-727년)이다. 그는 예로보암 2세의 세 번째 후계자 므나헴의 통치 때 이스라엘을 침공한다(2열왕 15,19-20). 아모스 예언자는 확언할 수는 없었지만, 위협이 다가오고 있음을 감지했다. 호세아서(호세

7,11; 9,3; 10,6)와 이사야서(이사 7,17.20; 8,4.7; 10,12; 19,23; 20,1.4.6; 36,2.4.8. 16; 여하튼 모든 본문이 이사야의 본문은 아니다)에서 그 위협이 현실화되었다.

그러나 (저술) 예언과 아시리아의 침공 사이에 어떤 연결이 있는가? 명확하게 규정하기는 쉽지 않다. 여기에는 다양한 요소가 관여한다. 첫째, 아시리아의 위협은 국가적 차원에서 새로운 의식을 불러일으킨다. 예언자들은 영토와 국가의 독립처럼 견고하고 안전한 것으로 보였던 상황들이 쉽게 무너질 수 있음을 알았던 첫 번째 사람들이다. 이와 달리 백성은 복된 평온함 속에 계속해서 살고 있으며 다가오는 위험을 경계하지 않는다. 아모스는 이 점에 대하여 매우 분명하게 말한다(아모 9,10). "내 백성 가운데에서 '재앙이 우리에게 가까이 오지도 덮치지도 않을 것이다' 하는 죄인들은 모두 칼에 맞아 죽으리라." 나중에 예레미야는 현재의 상황을 전혀 알아보지 못하고 무익하게 걱정하는 일 없이 '평화롭게' 살 수 있다고 생각하는 도성의 주민들에게도 이와 똑같이 말할 것이다. 그 당시 위협 세력은 더 이상 아시리아가 아니라 신바빌로니아 제국으로서, 그들이 유다 왕국을 휩쓸어 버릴 것이다.

예레미야의 도성 주민들은 예레미야의 말에 귀를 기울이려고 하지 않았다. 왜냐하면 그들은 예레미야가 '재앙의 예언자'이며 타고난 비관주의자라고 생각하였기 때문이다(예레 23,17). "그들[거짓 예언자들]은 나[이스라엘의 하느님]를 업신여기는 자들에게 줄곧 말한다. '주님께서는 너희가 평화를 누릴 것이라고 하신다.' 제 고집스러운 마음을 따르는 모든 자들에게도 말한다. '재앙이 너희에게 닥칠 리 없다.'" 우리는 이런 본문을 얼마든지 쉽게 열거할 수 있다. 이사야서의 한 문장이 백성을 향한 예언자들의 중요한 질책을 아주 잘 요약하고 있다. "소도 제 임자를 알고 나귀도 제 주인이 놓아 준 구유를 알건만 이스라엘은 알지 못하고 나의 백성은 깨닫지 못하는구나"(이사 1,3).[39] 예레미야는 또 다른 이미지로 동일한 생각을 표현한다. 자기네 세계에는 동물보다 사람이 덜 지성적이라는 것과 백성에게 명철함이 없다는 것을 명확히 지적하기 위하여 이사야는 가축의 세계에서, 예레미야는 철새의 세계에서 비교할 대상을 가져온다. "하늘을 나는 황새도 제철을 알고 산비둘기와 제비와 두루미도 때맞춰 돌아오는데 내 백성은 주님의 법을 알지 못하는구나"(예레 8,7). 이 문맥에서 '주님의 법'['주님의 판정'으로 이해하는 것이 낫다]은 당신 백성에게 공포된 판결문이다. 지성의 결핍과 '제철'을 알지 못하는 것, 그리고 때맞춰 적절한 결정을 내리지 못하는 것은 이스라엘의 가장 큰 결점이다. 그것들은 사마리아와 예루살렘의 함락을 초래한 주요 원인이기도 하다.

---

[39] 신약 외경인 《야고보의 원복음서》는 예수 그리스도의 탄생 장면에 나귀와 소를 끌어들이기 위하여 이사야의 본문을 원천 자료로 이용하였다. 두 동물은 자기 백성에게 거부당하게 될 메시아를 알아본다.

두 번째 요소는 처음에는 아시리아, 그리고 나중에는 신바빌로니아의 침공과 연결되어 있다. 국제 정세로 인해 채택해야 할 정치에 관한 격렬한 논쟁이 벌어졌으며, 그 때문에 지배 계층 내부에 깊은 분열이 생겼다. 핵심은 이방인 권력과 동맹을 맺을 필요가 있는지 없는지를 아는 것이었다. 긍정적 답변의 경우 따라오는 질문은 누구와 동맹을 맺느냐는 것이었다. 국제 정세는 국내 정세에 명백하게 영향을 미친다. 이방인과의 협상에 찬성하거나 반대하는 정파 또는 파벌이 형성된다.

예언자들은 일반적으로 그와 같은 동맹을 격렬하게 반대한다. 현대 언어로 표현하면 그들은 '화려한 고립'(동맹과 복잡한 관계를 피하는 19세기 말 영국의 외교정책을 가리키는 용어: 편집자 주)을 고집한다. 또는 잠언의 표상을 다시 받아들이면, 그들은 이스라엘에게 "네 저수 동굴에서 물을 마셔라"(잠언 5,15)[40]고 초대한다. 예를 들어, 이사야 예언자도 자기의 메시지를 전달하기 위하여 물의 표상을 사용한다.

"이 백성이 잔잔히 흐르는 실로아 물을 업신여기고

르친과 르말야의 아들 앞에서 용기를 잃었다[또는: 기뻐한다]."

---

[40] 이 본문은 사실상 자기 아내에게 충실하게 머물도록 초대한다. 혼인의 표상이 자주 국가들 사이의 협상에 적용된다는 것을 기억한다면, 이러한 태도는 동맹을 맺을 때에도 보존되어야 한다.

> 그러니 보라. 주님께서는 세차고 큰 강물이,
>
> 아시리아의 임금과 그의 모든 영광이
>
> 그들 위로 치솟아 오르게 하시리라.
>
> 그것은 강바닥마다 차올라 둑마다 넘쳐흐르리라.
>
> 그리하여 강물은 유다로 밀려들어 와 목까지 차게 되리라.
>
> 그 날개를 활짝 펴서 너의 땅을 온통 뒤덮으리라, 아, 임마누엘!(이사 8,6-8)

예루살렘의 물의 수원지는 실로아 샘이다.[41] 이사야는 자기 자신의 자원을 멸시하고 다른 곳으로 도움을 찾아 나서는 예루살렘의 우두머리들을 비난한다. 르친과 르말야는 각기 다마스쿠스와 사마리아의 임금이다. 그들은 아시리아의 임금 티글랏 필에세르 3세를 반대하는 동맹에 들어오도록 예루살렘을 압박하려고 하였다. 예루살렘의 임금 아하즈는 이와 반대로 오히려 다마스쿠스와 사마리아를 반대하고 아시리아와 계약을 체결하면서(2열왕 16,5.7-9 참조) 르친과 르말야의 제안을 거부한다. 그러나 6절 끝 부분의 번역에는 문제가 있다. 만약 우리가 이사 8장의 신탁을 역사적 맥락에서 생각한다면, 우리는 두 가지 해석을 내놓을 수 있다. 만약 우리가 이사 8,6ㄷ에서 '용기를 잃었다'로 읽는다면, 이사야는 예루살렘이 아시리아와 동맹을 맺음으로써 사마리아와 시리아에 맞서 자신을 보호하려고 하였

---

[41] 요한 9장에서 실로아 샘(살로암 못)에 대한 언급을 다시 보게 된다.

다고 주장하는 것이다. 이사야에게 그 결과는 유프라테스강으로 상징화된 아시리아가 어느 날 임마누엘의 나라인 유다 왕국을 침공할 것이라는 게 된다(이사 8,8). 예고는 정확히 기원전 701년 산헤립의 침공으로 실현될 것이다.

두 번째 해석은 이사 8,6의 자구적 번역 '기뻐하다'에 근거한다. 예루살렘, 또는 적어도 예루살렘의 한 당파는 티글랏 필에세르를 거슬러 시리아와 북 왕국과 동맹을 맺기를 원한다. 이사야는 그 결과 역시 아시리아의 침공으로 보았다.

여하튼 이사야는 르친과 르말야의 아들 페카와의 동맹이든, 티글랏 필에세르와의 동맹이든, 두 동맹을 모두 거부했던 것 같다. 이사 7,1-9의 신탁에서 예언자는 아하즈 임금에게 사마리아의 군주와 그와 동맹을 맺은 다마스쿠스 임금의 공격을 두려워하지 말라고 분명히 말한다. 적어도 이사 37,22-35에 따르면, 이사야는 산헤립이 예루살렘을 포위할 때에도 똑같이 말할 것이다. 그는 이집트와의 동맹을 반대하고(28,7-22; 30,1-17; 31,1-3; 참조 36,6), 끝으로 바빌로니아 임금 므로닥 발라단과의 동맹(39장)도 반대할 것이다. 우리는 모든 신탁이 역사적 인물 이사야에게까지 거슬러 올라가는지 알지 못한다. 적어도 이사야서에서 우리가 만나는 예언자는 아주 명백한 입장을 밝혔으며 '정치적 고립주의'의 한 형태를 공표하였다고 말할 수 있다. 아마도 그는 거룩한 도성을 난공불락의 성읍으로 믿었던 것 같다 (7,1.7; 26,1; 28,16-17; 29,1-7; 31,4-9; 37,33-35; 2열왕 16,5 참조). 적어도 히즈키야 임금 이전에 그 도성의 경제적·전략적 가치는 크지 않았다. '우리는 행복하게 숨어 살자'는 것이 이사야의 좌우명일 수 있다. 사실 이사 30,15-17을 이런 식으로 해석할 수 있다.

> 이스라엘의 거룩하신 분 주 하느님께서 이렇게 말씀하신다.
> "회개와 안정으로 너희가 구원을 받고
> 평온과 신뢰 속에 너희의 힘이 있건만 너희는 싫다고 하면서
> '아닙니다. 말을 타고 도망하렵니다' 하고 말하였다.
> 그러므로 너희가 도망치게 되리라.
> '날랜 말을 몰고 가렵니다' 하였으니
> 너희의 추격자들이 날래게 쫓아가리라.
> 한 사람의 고함에 천 명이 도망치고
> 다섯 사람의 고함에 너희 가운데 몇 명만이 남아
> 산꼭대기의 깃대처럼, 언덕 위의 깃발처럼 될 때까지
> 너희가 모두 도망치리라."

예루살렘은 '화려한 고립' 속에서 고요하게 머물러 있기만 하면 되었으며, 위험스러운 군사적 활동으로 구원을 추구해서는 안 되었다. 이사야는 '예루살렘은 그것을 원하지 않았으며, 그것이 잘못이었다'라고 말한다.

내가 이사야의 예를 든 이유는, 예언자 – 또는 예언서 – 가 제공하

는 요소의 대부분을 통해서만 한 예언자의 정치적 입장, 곧 그의 신앙에 근본적으로 뿌리를 박고 있는 입장을 재구성할 수 있기 때문이다. "너희가 믿지 않으면 정녕 서 있지 못하리라"(이사 7,9).

다른 예언자들도 비슷한 태도를 가지고 있었다. 다양한 문맥과 몇 가지 중요한 어감을 고려하면서도 예언자들 사이에 널리 퍼져 있던 입장을 가장 잘 대표하는 본문 몇 개만 인용하겠다.

첫 번째 본문은 호세 7,11-12이다. 호세아는 이사야와 거의 동시대 예언자이다.

> 에프라임은 비둘기처럼 어리석고 지각이 없다.
> 그들은 이집트에 부르짖고 아시리아로 간다.
> 그러나 나는 그들이 갈 때 그 위로 그물을 던져
> 하늘의 새를 잡듯 그들을 잡아채리라.
> 그들의 죄악을 내가 들은 대로 징벌하리라.

호세아의 신탁은 이방인들의 권력과 맺는 동맹은 단순히 덫일 뿐이라고 말한다. 그리고 그 덫에는 비둘기처럼 어리석은 새들만 걸려든다. 풍자가 격렬한 것은 틀림없다. 호세아 예언자의 또 다른 본문도 동일한 뜻을 담고 있다.

> 에프라임은 바람을 먹고 온종일 동풍을 쫓아다니며

거짓과 폭력을 늘려 간다.

그들은 아시리아와 계약을 맺고 이집트로 기름을 날라 간다(호세 12,2).

동풍은 배를 들이부술 수 있는 무시무시한 샛바람이다(시편 48,8; 참조 에제 27,26). 호세아 예언자는 사마리아의 마지막 군주인 엘라의 아들이며 자신의 이름과 같은 호세아 임금의 동맹을 동풍에 비유한다. 호세아 임금은 처음에는 아시리아 임금 살만에세르 5세에게 굴복하였다가(2열왕 17,3) 나중에는 그를 배신하고 이집트의 파라오 소와 동맹을 맺었다(17,4). 이 전략이 북 왕국에 치명타를 입혔다. 북 왕국은 신의를 지키지 않았기 때문에 아시리아의 침공을 받고 정복당했다(17,4-6).

예레미야 예언자는 적어도 한 세기 뒤에 다른 민족과의 동맹을 반대하는 투쟁을 이어간다. 예레 2,13에서 우리는 이사 8,6에 나타난 원천의 이미지를 다시 보게 된다.

정녕 내 백성이 두 가지 악행을 저질렀다.
그들은 생수의 원천인 나를 저버렸고
제 자신을 위해 저수 동굴을,
물이 고이지 못하는 갈라진 저수 동굴을 팠다

예레미야에게 "생수의 원천"은 바로 이스라엘의 하느님이다. 저수 동굴은 다른 신들이며 다른 나라들의 신들이다. 동일한 이미지가 몇 구절 앞에서 다시 나타나는데, 이번에는 큰 세력을 지닌 다른 민족과의 동맹을 명백하게 반대하는 구절에서 나타난다.

> 그런데도 네가 나일강 물을 마시러
> 이집트로 내려가다니 웬 말이냐?
> 유프라테스강 물을 마시러 아시리아로 올라가다니
> 웬 말이냐?(예레 2,18)

예레미야는 이스라엘의 하느님을 은유로 표현한 '생수의 원천', 유일한 원천에서 물을 마시도록 예루살렘을 초대한다. 구체적으로 예언자는 외부에서, 곧 다른 민족의 권력과 맺는 위험한 동맹에서가 아니라, 자기 안에서, 다시 말해 자기 자신의 원천에서 구원을 찾으라고 도성에게 권유한다.

그런데 방금 언급한 것을 명확히 해둘 필요가 있다. 사실 예레미야는 바빌로니아를 선호하였다. 앞에서 우리는 열왕기 상·하권에 나오는 예언자들을 언급할 때 이 사실을 지적하였다. 어떻게 이런 일이 있었을까? 기원전 597년 예루살렘이 첫 번째로 포위된 뒤에 상황이 근본적으로 바뀌었기 때문이다. 도성은 항복하였으므로 위기를 넘겼지만, 임금과 백성의 일부는 바빌로니아로 유배를 갔고 도성은 상당한 공물을 바쳐야 했다(2열왕 24,10-16). 예루살렘은 거의 신바빌로니아 제국의 일부가 되었다. 위에서 언급한 신탁에서 예레미야의 선택(예레 21,8.10; 27장)은 현실적이며, 이런 경우를 현실 정치(Realpolitik)라고 말할 수 있을 것이다. 예언자는 항거가 무익하다고 생각한다. 왜냐하면 반란은 첫 번째 재앙보다 더욱 무시무시한 두 번째 재앙을 불러일으킬 수밖에 없기 때문이다. 이 밖에도, 치드키야는 바빌로니아 임금과는 맹세로 연결되었으며 충성을 서약하였다. 거짓 맹세는 재앙적 결과를 가져왔을 것이다. 다시 한번 예레미야의 말이 옳았다. 불행하게도 그의 말이 옳았던 것이다.

유배 이후에 세상이 바뀐다. 단일 왕정은 복구되지 않으며 예언자들의 비판은 다른 형태의 권력, 예를 들어 말라키서에서처럼 사제직을 향한다. 문제는 다양하다. 예언자의 대부분은 귀환과 재건의 어려움에 직면하여 용기를 잃고 있는 백성에게 희망을 심어 주고자 한다. 그들은 필요할 때에는 힘의 남용을 고발하지만, 음조는 대체로 긍정적이다. 에제키엘서의 마지막 부분(에제 40-48장), 이사야서의 제2부와 제3부(이사 40-55장; 56-66장), 하까이서와 즈카르야서의 경우가 그렇다. 유배 이후의 예언자들은 제2차 세계대전 후 다른 세상을 재건하고 창설하기 위하여 사람들의 영을 일깨우는 데에 성공한 사람들을 닮았다. 나는 이탈리아의 끼아라 루빅(1920-2008, 포콜라레 운동 창설자)과 라카르도 롬바르디 신부(1908-1979, 예수회, '더 나은 세상을 위한 운동': Il mondo migliore), 독일의 요하네스 레피히 신부를 떠올린다. 성경의 예언자들은 어떻게 해서든 마지막 순간까지 현실에서 하느님의 의도를 읽고 백성에게 하나의 길을 제시하려고 애썼다.

3. 예언자들과 국민의 결속 옹호

사회정의에 대해서는 관련된 수많은 예언 본문을 지적하는 것으로 충분하다. 나는 사회문제에 대해 예언 본문들이 관심을 가지는 이유를 짤막하게 논의하려고 한다. 힘 없는 사람들 – 가련한 이, 가난한 이, 이방인, 과부와 고아 – 의 보호는 고대 근동의 왕실에서 선전하는 통상적인 일이었다. 그러므로 성경 본문들에서 동일한 주제를 찾아볼 수 있는 것은 자연스럽다. 이상적인 임금을 칭송하는 시편 72,12-14의 본문이 그 이유를 가장 잘 설명한다.

> 그[임금]는 하소연하는 불쌍한 이를,
> 도와줄 사람 없는 가련한 이를 구원합니다.
> 그는 약한 이와 불쌍한 이에게 동정을 베풀고
> 불쌍한 이들의 목숨을 살려 줍니다.
> 그가 억압과 폭행에서 그들의 목숨을 구하리니
> 그들의 피가 그의 눈에는 소중하기 때문입니다.

앞에서 살펴본 것처럼, 예언자들은 지배 계층에 속한다. 예언자들이 군주들에게 그들의 의무를 이행할 것을 촉구한다고 해서 놀라서는 안 된다. 한 가지 예만 들자면, 이사야는 과부들과 고아들에게 정의를 되찾아 주지 않는 예루살렘의 지도자들을 비난한다(이사 1,23). 예레미야도 똑같이 말하지만, 다윗 집안의 임금들에게 직접 말한다.

> 주님께서 이렇게 말씀하신다. "유다 왕궁으로 내려가서 이 말을 전하여라. 너는 이렇게 말하여라. '다윗 왕좌에 앉은 유다 임금아, 이 성문으로 들어오는 네 신하들과 백성과 더불어 주님의 말씀을 들어라.' 주님께서 이렇게 말씀하신다. '공정과 정의를 실천하고 착취당한 자를 압제자의 손에서 구해 주어라. 이방인과 고아와 과부를 괴롭히거나 학대하지 말고, 이곳에서 무죄한 피를 흘리지 마라. 너희가 정녕 이 말대로 실천한다면, 다윗 왕좌에 앉은 임금들이 병거와 군마를 타고, 신하들과 백성과 더불어 이 왕궁의 성문으로 들어올 것이다. 그러나 너희가 이 말을 듣지 않으면, 나 자신을 걸고 맹세하건대, ─주님의 말씀이다.─ 이 왕궁은 황무지가 될 것이다'"(예레 22,1-5; 참조: 21,11-12).

예언자들이 홍보 목적으로 이 주제를 이용하였다고 말할 수 있을 것이다. 권력자를 비판하는 사람은 누구든지 일반적으로 그가 가장 가련한 이들을 소홀히 한다고 비난한다. 이런 일은 전혀 새롭지 않다. 이것이 정말 그런 경우인가? 말하기는 쉽지 않다. 그러나 특정한 상황에서 드러나는 통상적 언어 외에도, 억압받는 이들을 보호할 진지한 동기들이 예언자들에게 있다고 생각할 만한 충분한 이유가 있다.

한 걸음 더 나아가기 위해서는 예언자들의 설교에 깔린 법률적 배경을 깊이 검토할 필요가 있다. 우리는 예언자들이 유복한 집안 출신이라고 말하였다. 그들은 백성을 짓누르는 위험을 알아차리고 - 유배 이전의 예언자들의 경우 - 백성을 위험에서 구할 방식을 찾아내려고 한다. 그들은 모든 국민이 결속하기를 원했다. 원수 앞에서의 분열은 치명적이다. 이것이 몇몇 예언자가 환기시킨 동기이다.

관련 본문들을 모두 언급하기보다는 한층 구체적인 예에서 출발하여 주제를 설명하고자 한다. 나는 예언자들이 군주들이 정치적 동기, 특히 경제적 동기에서 도입한 개혁을 반대하여 결속에 기초를 둔 옛 부족법을 방어하려 했다고 생각한다. 달리 말해, 예언자들은 적어도 법과 정의에 관해서는 특히 보수적이다.

첫 번째 예는 소유에 관한 것이다. 이와 관련하여 가장 뚜렷한 단락은 이사 5,8-10이다.[42]

불행하여라, 빈 터 하나 남지 않을 때까지
집에 집을 더해 가고 밭에 밭을 늘려 가는 자들!
너희만 이 땅 한가운데에서 살려 하는구나.

---

[42] 유사한 다른 본문은 미카 2,2이다.

만군의 주님께서 나의 귀에다 말씀하셨다.

"정녕 수많은 집들이 폐허가 되어

크고 좋은 집들에도 사는 사람이 없으리라.

열흘 갈이 포도밭이 포도주 한 밧밖에 내지 못하고

한 호메르의 씨앗이 곡식 한 에파밖에 내지 못하리라."[43]

이사야가 고발한 내용의 가장 적절한 예가 나봇의 포도밭 이야기(1열왕 21장)이다. 편찬의 다양한 단계를 구분하기가 어렵듯이 1열왕 21장의 편찬 시기를 알기는 어렵다. 아마도 후대에 1열왕 21장의 끝에 몇 단락을 첨가한 듯한데, 그 예가 1열왕 21,23-26이다. 여하튼 1열왕 21장에서 제기된 문제는 이사 5장에서 다루어진 문제이다. 요약하면, 자기 왕궁 곁에 있는 이즈르엘 사람 나봇의 포도밭을 구입하고 싶어 한 아합 임금(기원전 874-853년)은 그 포도밭의 주인을 만나 그에게 물물교환을 제안한다. 나봇이 자기 포도밭을 넘겨주는 대신 임금은 나봇에게 더 좋은 다른 포도밭을 나봇에게 주든지, 아니면 그 값을 돈으로 셈하여 주겠다고 한다. 물물교환은 확실히 공정하며 적어도 즉시 덧붙일 말이 아무것도 없다. 그러나 나봇은 임금의 제

---

[43] 한 '갈이'는 소 한 쌍이 하루 동안 갈 수 있는 땅의 면적을 가리킨다(1열왕 19,19 참조). '밧', '호메르', 그리고 '에파'는 용적을 나타내는 세 가지 계량 단위이다. '밧'은 액체 약 45리터이며, '에파'는 동일한 양이지만 딱딱한 물체, 예를 들어 곡식을 계량하는 것이며, '호메르'는 10에파, 곧 450리터를 가리킨다.

안을 거부한다. 거부하는 이유가 무엇일까? 그 이유는 자기 조상들의 땅에 대한 일종의 정서적 연결일 수 있다. 그러나 꼭 그런 것만은 아니다. 여기에서 토지 소유법에 대한 두 가지 사고가 충돌한다. 아합에게 모든 부동산은 사고팔 수 있다. 물건 또는 돈으로 교환하는 데에 동의를 하면 된다. 달리 말해, 모든 재화는 시장에서 그에 상응하는 가치를 가지고 있다. 그 가치에 대한 대가가 충분하냐 충분하지 않느냐는 문제 외에는 구매력에 제약이 없다.

이와 달리, 나봇에게는 다른 제약들이 존재한다. 곧, 몇몇 재화는 바꿀 수 없는 것이며 따라서 팔거나 살 수 없다. 이런 이유 때문에 그는 맹세의 말로 아합에게 대답한다. "주님께서는 제가 제 조상들에게서 받은 상속 재산을 임금님께 넘겨 드리는 것을 용납하지 않으십니다"(1열왕 21,3). 나봇은 땅을 매매하는 데 근본적인 문제가 있으며, 따라서 매매가 불가능하다고 말한다. 나봇은 또 다른 본질적인 이유를 덧붙인다. 곧, 땅은 "조상들에게서 받은 상속 재산"이기 때문에 자기에게 속하지 않는다는 것이다. 땅은 가족과 지파, 그리고 거듭되는 세대의 재산이며 자기 생애 동안 이용하는 것이지 개인의 재산이 아니라는 것이다. 나봇은 그 밭을 자기 조상들에게서 유산으로 물려받았으며 자기 후손들에게 안전하게 전달해야 한다. 우리는 지금 자산이 공동의 것이고 '세대에 세대를 거쳐가는 것'이며 개인의 것이 아니라는 토지 소유법의 개념을 대하고 있다. 포도밭은 하느님이 생존을 위한 수단으로 나봇 가문에 맡긴 약속의 땅의 몫에 해당한다. 이스라엘의 기원 이야기에서 땅은 정복한 뒤에 여호수아에 의해 그리고 하느님의 명령에 근거하여 분배되었다. 왕정 이전 시기에 모든 지파와 가문은 땅의 한몫을 받았다. 마지막으로 한마디 더 덧붙인다면, 나봇은 임금의 관대함에 예속되지 않기 위하여 임금에게서 포도밭을 받고 싶어 하지 않는다는 것이다. 그는 하느님 외에는 아무에게도 얽매이기를 원하지 않는다.

나봇이 견지한 원칙은 더욱 늦은 시기의 본문들, 예를 들어 민수 36,7에서 명확히 표현될 것이다. "이스라엘 자손들의 상속 재산은 이 지파에서 저 지파로 넘어가서는 안 된다. 이스라엘 자손들은 저마다 조상 대대로 내려온 지파의 상속 재산에 붙어살아야 한다."[44] 예언자들, 예를 들어 엘리야, 이사야, 그리고 미카는 조상들에게 상속받은 땅은 양도할 수 없다는 원칙에 따라 고대의 토지 소유법을 확고하게 보호한다.

예언자들이 견지한 두 번째 법 원칙은 백성 즉 모든 성읍 사람 사이의 결속의 법이다. 예언자들의 어휘에서 '정의'라는 단어는 자주 '결속'이라는 단어와 같은 뜻으로 쓰인다. 아모스는 예컨대 아래에 나오는 유명한 구절(아모 8,4-8)에서, 억압자에 맞서 가장 가련한 이들을 보호하는 데에 가장 강력한 표상들을 찾아낸 예언자임

---

[44] 참조 레위 25,23: "땅을 아주 팔지는 못한다. 땅은 나의 것이다. 너희는 내 곁에 머무르는 이방인이고 거류민일 따름이다."

에 틀림없다.

> 빈곤한 이를 짓밟고 이 땅의 가난한 이를 망하게 하는 자들아
> 이 말을 들어라!
> 너희는 말한다. "언제면 초하룻날이 지나서 곡식을 내다 팔지?
> 언제면 안식일이 지나서 밀을 내놓지?
> 에파는 작게, 세켈은 크게 하고 가짜 저울로 속이자.
> 힘없는 자를 돈으로 사들이고
> 빈곤한 자를 신 한 켤레 값으로 사들이자.
> 지스러기 밀도 내다 팔자."
> 주님께서 야곱의 자만을 두고 맹세하셨다.
> "나는 그들의 모든 행동을 결코 잊지 않으리라.
> 그 때문에 땅이 뒤흔들리고 온 주민이 통곡하지 않겠느냐?
> 온 땅이 나일강처럼 불어 오르고
> 이집트의 나일강처럼 부풀었다가 잦아들지 않겠느냐?"(아모 8,4-8)

아모스는 이 단락에서 당대 이스라엘의 부유층 내부에 대단히 넓게 퍼져 있던 금전주의적 사고를 단죄한다. 아합과 같은 견해로 딩대의 부자들과 권력자들은 모든 것, 또는 거의 모든 것을 사고팔 수 있다고 생각한다. 이 밖에도 그들은 가장 가련한 이들에게 매매 조건들을 부과할 수 있다고 고집한다. 아모스는 상업상의 부정행위, 예를

들어 무게를 조작하는 것과 값을 인위적으로 올리는 것만 비판하고 단죄하는 것이 아니다. 그는 무엇보다도 인신매매, 곧 가난한 이들을 종으로 파는 것을 찬성하지 않는다. 이 당시 이러한 관례가 있었는데, 빚을 갚지 못하는 가난한 사람은 채권자에게 갚아야 할 금액을 갚기 위하여 자식들과, 마지막으로는 자기 자신이 종이 되어야 했다. 2열왕 4,1에서 엘리사 예언자에게 호소하는 과부는 바로 이런 상황에 처해 있다. 곧, 채권자는 과부의 두 아들을 종으로 데려가려고 한다.[45]

더 나중에 쓰인 이야기인 느헤 5,1-13에서 여러 예언자가 구체적인 사건에서 견지한 법률적 원칙을 추론할 수 있다.

> 그런데 많은 사람이 저희 아내들과 함께 다른 유다인 동포들 때문에 크게 울부짖는 소리가 들려왔다. "우리 아들딸들, 게다가 우리까지 이렇게 식구가 많으니, 먹고 살려면 곡식을 가져와야 하지 않는가?" 하는 이들이 있는가 하면, "기근이 들어 곡식을 얻으려고 우리는 밭도 포도원도 집도 저당 잡혀야 하네" 하는 이들도 있고, 또 이렇게 말하는 이들도 있었다. "임금에게 낼 세금 때문에 우리 밭과 포도원을 잡히고 돈을 꾸었네. 그렇지만 저 동포들의 몸이나

---

[45] 탈출 21,1-6; 레위 25,39-55; 신명 15,12-18의 법들과 느헤 5,1-13; 이사 50,1; 예레 34,14; 아모 2,6의 본문을 참조.

우리 몸이나, 저들의 아들들이나 우리 아들들이나 똑같지 않은가? 그런데 우리는 아들딸들을 종으로 짓밟히게 해야 하다니! 우리 딸들 가운데에는 벌써 짓밟힌 아이들도 있는데, 우리에게는 손쓸 힘이 없고, 우리 밭과 포도원은 남한테 넘어 가고 말았네."

나는 그 사람들의 울부짖음과 이런 말들을 듣고 매우 화가 났다. 나는 마음속으로 곰곰이 생각한 다음, 귀족들과 관리들을 나무라며, "여러분은 서로 돈놀이를 하고 있군요" 하고 말하였다. 나는 그들의 일 때문에 큰 집회를 열고, 그들에게 말하였다. "우리는 이민족들에게 팔려 간 유다인 동포들을 우리 힘이 닿는 대로 도로 사 왔습니다. 그런데 여러분은 여러분의 동포들을 팔아먹고 있습니다. 그러면서 우리더러 도로 사 오라는 말입니까?" 그들이 입을 다문 채 아무 말도 못하는 것을 보고, 나는 말을 이었다. "여러분이 하는 행동은 좋지 않습니다. 우리 원수인 이민족들에게 수치를 당하지 않으려면, 여러분도 우리 하느님에 대한 경외심을 지니고 걸어가야 하지 않겠습니까? 나도, 내 형제들도, 내 부하들도 그들에게 돈과 곡식을 꾸어 주고 있습니다. 이제 우리는 이렇게 이자 받는 일을 그만둡시다. 여러분은 오늘 당장 그들의 밭과 포도원과 올리브 밭과 집을 돌려주고, 돈과 곡식과 햇포도주와 햇기름을 꾸어 주고 받은 이자도 돌려주십시오." 그러자 그들이 대답하였다. "우리가 돌려주고 그들에게 아무것도 요구하지 않겠습니다. 말씀하신 그대로 하겠습니다."

그래서 나는 사제들을 불러, 그들에게서 이 약속대로 하겠다는 서약을 받게 하였다. 그리고 나는 내 옷자락을 털며 말하였다. "이 약속을 이행하지 않는 사람은 하느님께서 이렇게 모두 그의 집과 재산을 멀리 털어 버리실 것이다. 그런 자는 이렇게 털려 빈털터리가 될 것이다." 회중은 "아멘!" 하며 주님을 찬양하였다. 백성은 그 약속대로 하였다.

이 단락을 번역하고 이해하는 데에 몇 가지 문제점이 있다. 그러나 본질적으로 한 가지는 확실한데, 느헤미야는 백성의 가장 약한 계층을 보호하기 위하여 개입해야 한다는 것이다. 그들은 빚을 갚기 위하여 처음에는 재화를, 다음에는 자신의 자유를 저당 잡히고 이어서 양도해야 했다. 유배 이후 공동체에서 아모스, 이사야, 또는 미카 예언자가 고발한 힘의 남용은 매우 급속도로 다시 나타난다. 본문은 아마도 유배에서 돌아온 이들-'유다인들'-과 조국에 남은 사람들-백성-(느헤 5,1) 사이에 존재하는 분쟁에 대해 말하는 것 같다. 유배에서 돌아온 유다인들은 조국에 남은 사람들보다 부자이고, 권력자이며 교육받은 사람이다.

법률적 관점에서 볼 때, "동포"(느헤 5,1.5.7.8.10)라는 단어가 대단히 중요한데, 이 단어는 공동체의 구성원을 모두 일치시키는 긴밀한 결속을 강조한다. 만약 그들이 "동포"라면, 그들은 동등하다. 아무도 동포를 지배할 수 없고 동포의 자유를 마음대로 처분할 수 없다. 그 원칙은 레위 25,46의 규정에서 확인할 수 있다. "너희 형제 이스라엘 자손들끼리는 가혹하게 다스려서는 안 된다." 느헤 5,5에서 백성은 강력한 표상으로 이런 생각을 표현한다. "저 동포들의 몸이나 우리 몸이나 똑같지 않은가?" '몸'(히브리어로 *bāśār*)이라는 단어는 요셉 이야기에서 비슷한 문맥에 나타난다. 유다가 형제들에게 요셉을 죽이지 말자고 설득하려고 하면서 그들에게 다음과 같이 말한다. "그 아이는 우리 아우고 우리 살붙이가 아니냐?"(창세 37,27) 요셉 이야기에서 유다는 요셉의 목숨을 구하기 위하여 이 원칙에 호소하지만, 그럼에도 불구하고 요셉은 종으로 팔린다. 창세 37,27의 경우, '살붙이'라는 단어는 엄밀한 의미에서 '가족'을 뜻한다.[46] 느헤 5장에서 사람의 존엄과 자유를 옹호하기 위하여 그 개념을 환기시켰고, 넓은 의미에서 "살붙이"로 여겨지는 동일한 백성에 속하는 모든 이에게 적용된다. 느헤미야처럼 예언자들은 동일한 백성의 모든 구성원 사이에 결속의 법률적 원칙을 옹호하며 모든 결과를 끄집어낸다.

결론적으로 말해, 위대한 예언자들은 우리 시대에 매우 중요한 여론 형성가, 곧 권력을 자주 비판하며 권력자들에게 짓밟힌 근본 가치들을 옹호하는 사람과 유사하다고 말할 수 있다. 그들이 어떤 이들에게는 보수주의자와 국수주의자로 보일 수 있나. 그러나 그들은

---

[46] "나/우리는 네 뼈요 네 살"이라는 표현과 다른 유사한 표현들은 가까운 친족이라는 동일한 사고를 표현한다. 창세 2,23; 29,14; 2사무 5,1; 19,13-14 참조.

백성의 가장 귀한 보화들을 보호하는 일을 충실하게 책임지는 모습과 언론 자유의 가능성을 우리에게 전해 주었다.

4. 이스라엘 국립도서관에 형성된 예언 부분

모든 '후기 예언서들'이 언제, 어떻게 한 책장에 모두 놓이게 되었는가? 이는 아주 어려운 질문이다. 전문가들은 계속해서 이 질문을 던지고 있다. 그런데 성경 자체에서 제공되는 몇 가지 요소가 있다. 이것들을 통해 첫 번째 대답을 시도해 볼 수 있다.

세 명의 대예언자, 곧 이사야, 예레미야, 그리고 에제키엘이 첫 번째 단서를 제공한다. 세 예언자가 각자 자기 방식대로 신탁의 기록에 대해 말한다. 이사야 예언자는 8장에서 두 번에 걸쳐 신탁을 글로 기록하라는 명령을 받는다. 첫 번째 메시지는 잘 알려져 있다.

> 주님께서 나에게 말씀하셨다. "너는 커다란 서판을 가져다가, 거기에 보통 글씨로 '마헤르 살랄 하스 바즈를 위하여'라고 써라." 그래서 나는 사제인 우리야와 여베레크야의 아들 즈카르야를 믿을 만한 증인들로 내세웠다. 그런 다음 나는 예언자를 가까이하였다. 그러자 그 여자가 잉태하여 아들을 낳았는데, 그때에 주님께서 나에게 분부하셨다. "그의 이름을 마헤르 살랄 하스 바즈라고 하여라.

이 아이가 '아빠', '엄마'라 부를 줄 알기 전에 다마스쿠스의 재물과 사마리아의 전리품이 아시리아의 임금 앞으로 운반될 것이기 때문이다"(이사 8,1-4).

두 번째 본문이 우리의 목적에는 더욱 중요하다.

나는 이 증언 문서를 묶고 나의 제자들 앞에서 이 가르침을 봉인하리라(이사 8,16).

봉인한다는 메시지가 특별히 두드러진 것은 아니다(이사 8,11-15). 그것은 하느님만 신뢰할 것을 요구하는 이사야의 예언에 대한 일종의 요약이다. 이를 더욱 현대적으로 표현하면, 이사야는 인간적인 모든 권위에 대하여 비판적일 것을 권면한다고 말할 수 있다. 그러나 중요한 점은 다른 데에 있다. 곧, 이사야가 자신의 메시지를 자기 제자들에게 맡긴다는 것이다. 우리는 이사야 예언자의 제자들이 단지 이 신탁뿐 아니라, 이사야가 말한 다른 많은 신탁도 보존하고 있었다고 가정할 수 있는 개연성이 높다고 본다. 우리는 이사야 예언자의 제자들을 굳이 예수의 제자들 또는 라삐 학파의 제자들과 같은 존재로 상상해서는 안 된다. 예언자들의 '제자들'은 적어도 넓은 의미에서 보자면 예언자 자신이 동시에 학교장이며 정당의 당수이기도 하였던, 중요하고 유복한 인물의 문하생이며 지지자였다. 이 장의 시작 부분에서 사용한 표상을 다시 사용하면, 제자들은 여론 형성가였던 예언자들의 긴밀한 협력자라고 할 수 있다. 이 경우, 그들은 이사야의 긴밀한 협력자로서 동일한 여론을 유포하기 위하여 일한다.

이사야 예언자 이후 한 세기도 채 지나기 전에 살았던 예레미야 예언자는 제자들에 대해 말하지 않고, 비서 바룩에 대해 말한다(예레 36,4.32). 예레미야는 비서의 봉사를 받을 수 있을 만큼 유복한 인물이었어야 한다. 사실 예레 36장은 의미심장한 장이다. 왜냐하면 이 장의 가장 중요한 요소는 예언자가 아니라, "두루마리"이기 때문이다. 예레미야는 자기 비서 바룩에게 두루마리를 받아쓰게 한다(36,1-4). 바룩은 성전에 들어가서 백성과 저명한 인사들에게 두루마리를 읽어 준다(36,5-10). 바룩은 '대신들', 달리 말해 왕실 관료들에게 다시 한번 두루마리를 읽어 준다(36,11-20). 그러자 대신들은 여호야킴 임금에게 나아가 두루마리를 읽어 준다. 그러나 임금은 두루마리를 화롯불에 던져 태워버리라고 명령하며 예언자 예레미야를 체포하려고 하지만 잡지 못한다(36,21-26). 예레미야 예언자는 하느님의 명령을 받아 바룩에게 군주로 인해 재가 된 신탁들을 다시 받아쓰게 하며 다른 신탁들을 덧붙인다(36,27-32).

이 이야기의 메시지는 이중적이다. 첫째, 누구도 예언자의 말을 파괴할 수 없다. 단지 물질적인 것, 곧 두루마리를 제거할 수 있을 뿐이다. 둘째, 예언자의 말은 두루마리에 맡겨져 있으며 세 번이나 읽혔다. 곧, 백성에게(36,10), 대신들에게(36,15-16), 그리고 임금에게

(36,23) 선포되었다. 이야기에 따르면, 청중은 낭독된 것에 대한 그들의 반응에 따라 판단받을 것이다(36,23-25 참조). 이미 두루마리 자체가 예언자의 위치를 차지한다. 예레미야서의 독자들에게 메시지는 명백하다. 곧, 그들 역시 손 안에 있는 책을 읽고 반응하는 데에 근거하여 심판받을 것이다.

끝으로, 에제키엘서는 구전 세계에서 문서의 세계로 완전히 넘어갔다는 것을 깨닫게 해 준다. 예레미야의 소명 이야기에서 우리는 다음과 같은 문장을 읽는다. "그러고 나서 주님께서는 당신 손을 내미시어 내 입에 대시며, 나에게 말씀하셨다. '이제 내가 너의 입에 내 말을 담아 준다'"(예레 1,9). 이 구절을 에제키엘의 소명에 나오는 매우 유사한 순간(에제 2,9-3,2)과 비교하는 것은 시사하는 바가 대단히 크다. "그래서 내가 바라보니, 손 하나가 나에게 뻗쳐 있는데, 거기에는 두루마리 하나가 놓여 있었다. 그분께서 그것을 내 앞에 펴 보이시는데, 앞뒤로 글이 적혀 있었다. 거기에는 비탄과 탄식과 한숨이 적혀 있었다. 그분께서 또 나에게 말씀하셨다. '사람의 아들아, 네가 보는 것을 받아먹어라. 이 두루마리를 먹고, 가서 이스라엘 집안에게 말하여라.' 그래서 나는 입을 벌리고 그 두루마리를 먹었다." 하느님이 예레미야의 입에 '말씀'을 담아 주며, 에제키엘에게 두루마리를 받아먹으라고 한다. 에제키엘서는 예레 36장에서 드러난 하느님의 말씀은 이미 '두루마리'에 맡겨졌다는 사실을 전제하는데, 이 경우에도 전환점은 어느 정도 유배 체험에 부합한다.

소예언자들 중에는 하바쿡 예언자에게만 이사야 또는 예레미야가 받은 것과 유사한 명령이 주어진다. "주님께서 나에게 대답하셨다. '너는 환시를 기록하여라. 누구나 막힘없이 읽어 갈 수 있도록 판에다 분명하게 써라'"(하바 2,2).

우리는 이 단락에서 신탁들이 예언서에 기록된 과정에 관한 몇몇 중요한 증거를 찾을 수 있다. 어떻게 해서 신탁들은 유실되지 않고 다음 세대에게 전달되었는가? 사실 우리는 예언 신탁들이 모두 보존된 것은 아니라고 추정할 수 있다. 우리가 가지고 있는 신탁들은 단지 하나의 선택일 뿐이다. 이 질문에 대해 한번에 대답하기가 쉽지 않다. 아마도 여러 가지 이유가 있을 것이다. 가장 중요하고 첫째가는 이유는 성경에 들어 있는 예언서들의 도움으로 이스라엘은 자신의 운명을 깨닫고 엄청난 역사적 시련들을 이겨 내고, 신앙과 자신의 정체성을 보존할 수 있었지만, 다른 나라들은 국제 무대에서 사라지고 말았다는 것이다. 마지막 재앙을 예고한 예언자들은 명백히 옳았다. 그런데 그들은 그 사실을 하느님의 징벌로 해석하였다. 이스라엘과 유다가 패배하고 유배 가게 된 주된 요인은 내적 원인이 아니었다. 예언자들의 신학 언어에서 이스라엘의 하느님은 당신 백성의 불충실 때문에 그 백성을 징벌하였다. 이 해석은 확실히 이스라엘에게 덜 호의적이지만, 두 가지 이점을 가지고 있다. 무엇보다 먼저, 이스라엘의 하느님은 당신의 주권을 그대로 보존하고 있다. 왜냐하면 아시리아의 신들이나 바빌로니아의 신들이 패배한 국가의 신보다 우월했기 때문에 재난이 있었던 게 아니기 때문이다. 당신 백성을 처벌하기 위하여 아시리아인들이나 바빌로니아인들을 불러들인 것은 하느님이다. 이 밖에도, 처벌한 하느님은 당신 백성과 관계를 복원하고 그들에게 미래를 약속하며 징벌 뒤에는 용서할 수도 있다.

주석학자들이 간과한 두 번째 이유는 몇몇 예언서의 문학적 특질이다. 몇몇 예언서는 참으로 대문필가의 작품이다. 나는 특히 제1이사야와 제2이사야, 그리고 예레미야의 매우 감동적인 장들과 더불어 호세아, 아모스, 그리고 미카 예언서가 그렇다고 생각한다. 이 밖에 다른 예언서들은 덜 알려져 있지만, 그것들 역시 부정할 수 없는 몇몇 특질을 가지고 있다.

끝으로, 몇몇 인물의 성공과 명성에서 세 번째 이유를 찾아야 할 것이다. 예를 들어, 에제키엘은 특히 난해한 문체를 사용하며, 복잡한 환시들을 자주 제시한다. 그러나 그가 기여한 성과는 한 가지 이상이다. 특히 그는 예루살렘 성전의 하느님이 고대 근동의 어떤 신처럼 성전과 연결되어 있지 않다는 것을 성공적으로 보여 준다. 그 하느님은 인간적 지성과 황소의 힘과 사자의 위엄과 독수리의 비행 능력을 조화시킨 존재들이 움직이는 수레로 옮겨 다닐 수 있는 능력의 하느님이다. 에제키엘의 하느님은 그런 능력을 가지고 있기 때문에 바빌로니아의 유배자들을 찾아보러 온다(에제 1-3장). 하느님은 언젠가 성전이 재건된 뒤에는 예루살렘의 당신 성전으로 돌아올 것이다

(에제 43장). 본질적으로 에제키엘서는 백성이 하느님에 대한 믿음을 보존하고 유배 시간 동안 자신의 미래에 대한 신뢰를 보존하기 위해 쓰였다.

예언서들은 세대에서 세대로 전달되었다. 무엇보다 먼저 예언자들의 제자들-그들의 추종자들과 지지자들-이, 이어서 후속 세대의 율법학자들이 자기네 스승의 작품들을 전달하는 것으로 만족하지 않았다. 고대 세계에서 전달한다는 것은 항상 시대에 적응시키고 현실화한다는 것을 뜻한다. 본문의 문자가 변하지 않는 것은 근대에 이루어진 혁신, 특히 인쇄술 발명의 효과이다. 그러므로 우리가 알고 있는 예언서들은 본문을 다시 베껴 쓴 그들의 제자와 율법학자에 의해 해석되고 설명된 작품이며, 예언자들의 본래의 말을 포함하고 있는 작품이다. 나중에 첨가된 말에서 예언자들에게서 나온 진정한 말을 식별해 내기란 쉽지 않다. 예언자의 목소리를 나중에 주석된 목소리와 더 이상 구분해 낼 수 없게 된 혼합물이 만들어지는 경우가 자주 있기 때문이다.

길게 설명하는 것보다 몇 가지 예를 들어 보겠다. 호세아 예언자는 사마리아 함락 직전에 북 왕국에서 예언하였는데 그의 신탁들은 자연히 북 왕국에 주는 신탁이었다. 그러나 우리는 거기에서 남 왕국에 대한 일련의 언급도 본다(호세 1,7; 2,2; 6,11; 12,1 참조). 그것은 대체로 남 왕국의 서기관들이 본문을 현실에 맞게 고쳐 쓴 구절들이다. 이 서기관들은 사마리아 함락 뒤에 호세아의 본문들을 수집하여 새로운 상황에 적합하게 수정하였다. 아모 2,4-5에 나오는 유다를 거스르는 신탁에 대해서도 똑같이 말할 수 있다. 아모스서가 남 왕국으로 넘어왔을 때 일련의 신탁들이 완성되었다.

또 다른 예는 이사 40,7에서 볼 수 있다: "주님의 입김이 그 위로 불어오면 풀은 마르고 꽃은 시든다. 진정 이 백성은 풀에 지나지 않는다." 이 마지막 문장은 "위로하여라, 위로하여라, 나의 백성을"이라는 말로 시작하는 유명한 시의 리듬을 깨뜨릴 뿐 아니라, 문체 또한 산문체이다. 시에서는 표상들을 설명하지 않는다. 이 구절은 자기 독자에게 잊히지 않기 위하여 어떻게 해서든지 시인에 의해 이용된 표상을 명백하게 설명하고자 한 율법학자의 작품이다.

예레미야서는 전체적으로 볼 때 이러한 현상을 설명해 준다. 이른바 마소라 본문인 히브리어 본문과 칠십인역의 그리스어 번역본을 잠시 비교하면, 그리스어 본문이 히브리어 본문보다 거의 20퍼센트, 달리 말해 거의 다섯 번째 부분이 없다고 할 만큼 더 짧으며 장들의 순서가 동일하지 않다는 것이 드러난다. 오늘날 이 분야의 전문가들의 결론은 대체로 단순하다. 곧, 그리스어로 번역된 예레미야서는 마소라 히브리어 본문의 예레미야서가 아니라는 것이다. 마소라 히브리어 본문의 예레미야서가 더 늦은 시기의 본문이며, 기원전 2세기에 그리스어 번역문이 나온 뒤에도 검토하여 교정과 가감 과정을 거쳐 완결되었다. 예레미야서에는 전승의 생명력을 보여 주는 특별한 증거가 들어 있다.

이러한 현상에 대해서는 다양한 형태의 예가 많다. 어떤 경우에는 하나의 단어이며, 다른 경우에는 긴 본문이고, 또 어떤 경우에는 전체 장에서 이런 현상을 볼 수 있다. 그러나 뒤를 이어 계속된 이와 같은 첨가 덕분에 예언 본문들이 이스라엘 국립도서관에 통합되었으며, 고대 본문들에 새로운 가치, 곧 현실적 가치를 부여하였다는 것을 깨닫는 게 본질적으로 중요하다.

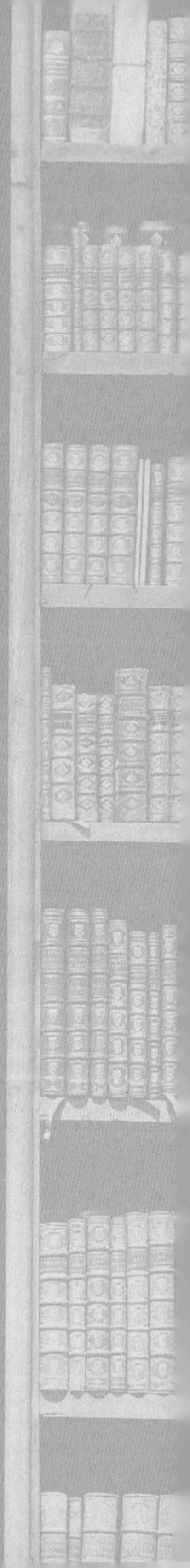

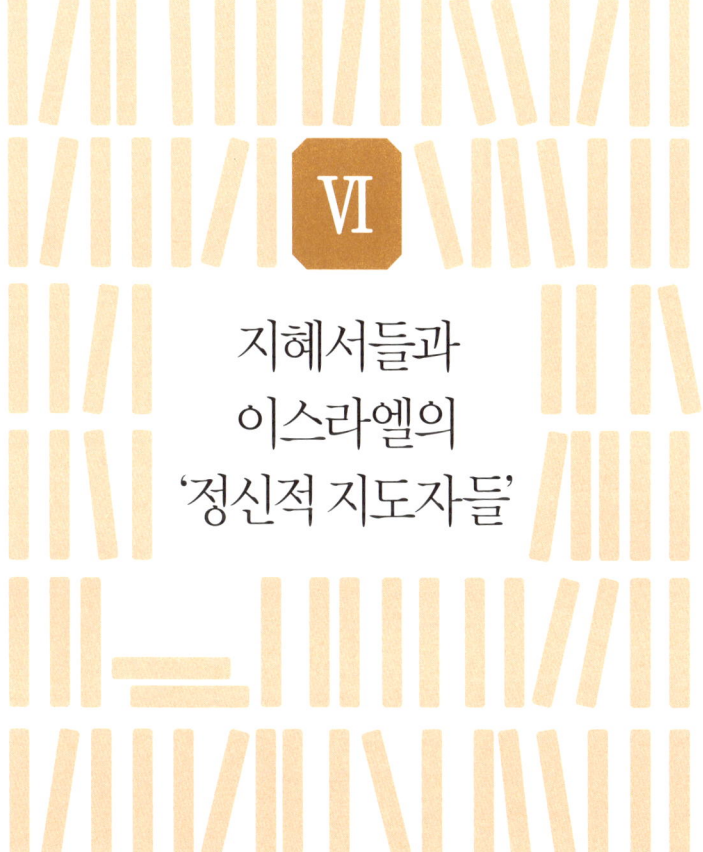

VI

지혜서들과 이스라엘의 '정신적 지도자들'

이스라엘은 중요한 주변국인 이집트, 메소포타미아, 그리고 그리스와 대등한, 상당한 정도의 지혜 전통을 보유하고 있다.[47] 이스라엘

---

47) 이 논제에 관해 더욱 깊이 연구된 조직적 입문서이며 고전적 작품인 연구서를 소개한다. J. Auneau (a cura di), *Les Psaumes et les autres Écrits*, Paris, Desclée de Brouwer, 1990; A. Bonora-M. Priotto et al., *Libri sapienziali e altri scritti*, Leumann (TO), Elle Di Ci, 1997; R. J. Clifford, *The Wisdom Literature*, Nashville (TN), Abingdon Press, 1998; R. J. Clifford (a cura di), *Wisdom Literature in Mesopotamia and Israel*, Atlanta (GA), Society of Biblical Literature, 2007; J. L. Crenshaw, *Old Testament Wisdom. An Introduction*, Atlanta (GA)-London, Westminster John Knox Press-SCM Press, 1981; J. Day-R. Gordon-H. G. M. Williamson (a cura di), *Wisdom in Ancient Israel. Essays in honour of J. A. Emerton*, Cambridge-New York, Cambridge University Press, 1995; K.J. Dell, *Get Wisdom, Get Insight: An Introduction to Israel's Wisdom Literature*, London, Darton Longman & Todd, 2000; D. J. Estes, *Handbook on Wisdom Books and Psalms*, Grand Rapids (MI), Baker Academic, 2005; D. Flusser, *Judaism of the Second Temple Period. 2. Sages and Literature*, Grand Rapids (MI), Eerdmans, 2009; J. G. Gammie-L. G. Perdue (a cura di), *The Sage in Israel and in the Ancient Near East*, Winona Lake (IN), Eisenbrauns, 1990; F. García Martínez (a cura di), *Wisdom and Apocalypticism in the Dead Sea Scrolls and in the Biblical Tradition*, Leuven, Peeters, 2003; M. Gilbert, *Les cinq livres des sages. Les Proverbes de Salomon. Le livre de Job. Qohélet ou l'Ecclésiastes. Le livre de Ben Sira. La Sagesse de Salomon*, Paris, Cerf, 2003(《하늘의 지혜》, 안소근 옮김, 성서와함께, 2016); A. G.

의 지혜문학은 이집트의 지혜문학보다는 덜 풍부하며 그리스의 철학적 문학보다는 덜 조직적이다. 그러나 곧 보게 되겠지만, 자신만의 이점을 가지고 있다. 이스라엘의 현인들을 어떻게 특징지을 수 있을까? 나는 이 논제에 관하여 길게 논의하기보다는 오히려 이스라엘의 현인들을 현대 세계의 '정신적 지도자들'(guru)에 견주어 볼 것을 제안한다. 나는 '정신적 지도자'라는 단어를 넓은 의미로 이해한다. 그들은 성경 시대의 사상가, 철학자, 사색가, 저명한 지성인이다. 그들은 인간 실존의 큰 문제들인 생명과 죽음의 의미, 고통의 비합리성은 물론, 우정, 가족, 결혼, 자녀 교육, 연회, 예의범절 등, 일상생활의 수많은 주제에 관해서도 성찰한다.

이 입문서의 목적은 매우 제한적이다. 그러므로 나는 지혜문학의 몇몇 기본 측면만 다룰 것이다. 가장 중요한 지혜서들, 곧 잠언, 욥

Hunter, *The Wisdom Literature*, London, SCM Press, 2006; T. Longman III-P. Enns (a cura di), *Dictionary of the Old Testament: Wisdom, Poetry & Writings*, Downers Grove (IL), Inter Varsity Press, 2008; V. Morla Asensio, *Libri sapienziali e altri scritti*, ediz. it. a cura di Antonio Zani, Brescia, Paideia, 1997; R. E. Murphy, *The Tree of Life. An Exploration of Biblical Wisdom Literature*, New York-London, Doubleday, 1990 (trad. it. *L'albero della vita. Una esplorazione della letteratura sapienziale biblica*, Brescia, Queriniana, 1993) (《생명의 나무》, 박요한 영식 옮김, 성바오로, 1998); L. G. Perdue, *Wisdom Literature. A Theological History*, Louisville (KY), Westminster John Knox Press, 2007; Id. (a cura di), *Scribes, Sages, and Seers. The Sage in the Eastern Mediterranean World*, Göttingen, Vandenboeck & Ruprecht, 2008; Id., *The Sword and the Stylus. An Introduction to Wisdom in the Age of Empires*, Grand Rapids (MI), Eerdmans, 2008; G. von Rad, *La sapienza in Israel*, Torino, Marietti, 1975.

기, 코헬렛, 집회서, 지혜서의 전형적 예를 몇 가지 제시하고자 한다. 끝으로 히브리 성경의 세 번째 부분에 속하는 다른 책들에 관하여 간략히 언급할 것이다.

1. 잠언: 지혜의 '간식'

잠언은 대중의 인기를 얻지 못하고 있다. 성경 책들의 인기 순위에서 잠언을 찾으려는 것은 무익한 일이며, 서점에서도 베스트 셀러가 아니다. 다른 한편, 이 세상의 모든 문화에는 잠언이 존재하며 성경 세계에서도 잠언이 있다는 것은 정상적이다. 잠언은 매우 평범한 민중의 전통적인 지혜의 형태이다.

물론 잠언은 아주 특수한 상황에서 이용된다. 각 잠언은 자체의 의미를 가지고 있다. 이런 이유 때문에 나는 식사 전에 가볍게 간식을 먹듯이 잠언의 맛을 보아야 한다고 생각한다. 곧, 식사 전 간식은 친구들과 지인들과 함께 즐거운 대화를 나누면서 서두르지 않고 하나씩 먹는 것이다. 너무 많이 맛보지 않는 것이 좋다. 왜냐하면 이어서 맛있는 본 음식이 나오기 때문이다. 잠언은 입맛을 돋우기 위해 제공되며 이를 바탕으로 함께 식사하는 이들은 서로를 알아 간다. 자신이 맡은 바를 다하고 나면, 다른 데로 옮긴다.

간단한 하나의 예를 보면 잠언의 문학 유형을 충분히 이해할 수 있을 것이다. 잠언 30,18-19을 보자.

> 나에게 너무 이상한 것이 셋 내가 이해하지 못하는 것이 넷 있으니[19] 하늘을 날아다니는 독수리의 길, 바위 위를 기어 다니는 뱀의 길, 바다 가운데를 떠다니는 배의 길, 젊은 여자를 거쳐 가는 사내의 길이다.

참으로 다양한 유형의 많은 잠언이 존재한다. 이 잠언은 선禪의 화두(*koan*)와 대단히 유사하다. 달리 말해 성찰에 불을 지필 목적으로 만들어진 이해할 수 없는 문구와 매우 유사하다.[48] 위에서 언급한 잠언은 신비로우며 볼 수 없고 흔적을 남기지 않는 몇몇 '일'에 대해 말한다. 곧, 하늘에서 독수리가 지나간 길, 바위 위를 기어 다니는 뱀의 길, 바다를 떠다니는 배의 길에 대해 말한다. 네 번째이자 마지막 요소는 일반적으로 다른 본성에 속하는 것이다. 이 요소 역시 '길'(히브리어로 *derek*)에 대해 말하지만, 이번에는 또 다른 세계, 곧 남녀 관계라는 세계에 들어간다. 그 의미는 명백하지 않다. 남자와 여자 사이의 매력에 대해 말하는 것일까? 유혹과 사랑에 대해서 말하는 것일까? 출산에 대해서 말하는 것일까? 잘라 말하기가 어렵다.

---

[48] 더 많이 알려진 화두들 가운데 하나는 "박수를 치는 한 손에서 나오는 소리는 어떤 소리인가?"이다.

여하튼 시인들과 철학자들과 심리학자들은 수 세기 동안 이 논제를 해결하기 위해 심혈을 기울였다. 잠언은 공기 중의 흔적을 찾거나 바위나 바다 위에서의 흔적을 찾는 것보다 남녀 사이에서 일어나는 일을 설명하기가 더 어렵다는 것을 몇 마디로 표현하고 있다. 최소한의 수단으로 최상의 효과에 도달한다. 간명하게 말하는 데에는 지혜도 많이 배어 있지만 시적인 요소도 많이 들어 있다.

2. 욥기: 인내의 모델인가, 프로메테우스인가?

욥기는 길게 소개해야 할 만큼 널리 알려졌다. 하지만 나는 그 책에 대한 몇 가지 오해를 해명하고 싶다. 욥은 고통 앞에서 인내하는 본보기로 흔히 제시된다. 그러면서 욥이 다음 문장을 인용한다. "주님께서 주셨다가 주님께서 가져가시니 주님의 이름은 찬미받으소서"(욥 1,21). 이 문장은 이야기의 설화적 머리말에 나오며 시련을 받는 욥의 첫 번째 응답을 표현한다. 욥은 이제 막 자신의 재물과 자식들을 모두 다 잃어버렸다. 욥은 자기 몸에 중대한 병을 얻은 뒤에 다시 한번 본받을 만한 모습을 보인다고 말할 수 있을 것이다. "우리가 하느님에게서 좋은 것을 받는다면, 나쁜 것도 받아들여야 하지 않겠소?"(2,10)

그러나 욥은 책 뒤에 나오는 시 부분에서는 다른 방식으로 처신한다. 그는 자기가 잉태된 날과 태어난 날을 저주한다(3장). 자신이 겪는 고통에 절규하며, 무엇보다도 고통받는 이유를 알아듣게 해 달라고 청한다. 그렇다면 욥은 인간에게 불을 훔쳐다 준 이유로 가공할 형벌의 고통을 받도록 단죄된 그리스의 영웅 프로메테우스에 더욱 가까울 것이다. 곧 바위에 묶여 있는 프로메테우스의 간을 독수리가 먹는 형벌로, 간이 재생되기만 하면 독수리가 다시 나타나서 간을 다시 먹었다. 이는 헤라클레스가 그의 사슬을 풀어 줄 때까지 되풀이되었다. 그렇다면 욥은 자신의 오만함 때문에 고통을 받는 것인가? 욥의 친구들은 어느 정도 이런 방향으로 담화를 끌고 간다. 그들은 욥의 고통을 감추어진 그의 죄 탓으로 돌린다. 그러나 욥은 너무 단순한 이런 해명을 거부한다. 그의 죄와 벌 사이에 균형이 없다. 악인들과 부정직한 자들은 왜 더 많이 고통을 받지 않는가? '이 세상에는 정의가 없다'라고 욥은 말한다. 욥은 하느님에게서 분명한 설명을 듣고 싶어 한다. 그렇지만 어떻게 들을 수 있을까? 아래 단락이 욥의 딜레마를 잘 표현한다.

> 욥이 말을 받았다.
> 오늘도 나의 탄식은 쓰디쓰고 신음을 막는 내 손은 무겁기만 하구려.
> 아, 그분을 어디에서 찾을 수 있는지 알기만 하면 그분의 거처까지 찾아가련마는.

그분 앞에 소송물을 펼쳐 놓고 내 입을 변론으로 가득 채우련마는.

그분께서 나에게 어떤 답변을 하시는지 알아듣고 그분께서 나에게 무슨 말씀을 하시는지 이해하련마는.

그분께서는 그 큰 힘으로 나와 대결하시려나?

아니, 나에게 관심이라도 두기만 하신다면.

그러면 올곧은 이는 그분과 소송할 수 있고

나는 내 재판관에게서 영원히 풀려나련마는.

그런데 동녘으로 가도 그분께서는 계시지 않고

서녘으로 가도 그분을 찾아낼 수가 없구려.

북녘에서 일하시나 하건만 눈에 뜨이지 않으시고

남녘으로 방향을 바꾸셨나 하건만 뵈올 수가 없구려.

그분께서는 내 길을 알고 계시니 나를 시금해 보시면

내가 순금으로 나오련마는.

내 발은 그분의 발자취를 놓치지 않았고

나는 그분의 길을 지켜 빗나가지 않았네.

그분 입술에서 나온 계명을 벗어나지 않았고

내 결정보다 그분 입에서 나온 말씀을 더 소중히 간직하였네.

그러나 그분은 유일하신 분, 누가 그분을 말릴 수 있으리오?

그분께서 원하시면 해내고야 마시거늘.

나에 대해 결정하신 바를 마무리하시리니

이런 일들이 그분께는 많기도 하다네.

그러니 그분 앞에서 내가 소스라치고 생각만 해도
그분을 무서워할 수밖에.
하느님께서는 내 마음을 여리게 만드시고
전능하신 분께서는 나를 소스라치게 하신다네.
정녕 나는 어둠 앞에서 멸망해 가고
내 앞에는 암흑만 뒤덮여 있을 따름이네(욥 23,1-17).

욥은 어떤 대가를 치르더라도 하느님을 만나려고 하며, 하느님을 뵙기를 청한다. 요즘 말로 하면, 욥은 하느님 알현을 청한다. 욥은 하느님과 따져 보려고 한다. 그리고 하느님에게서 설명을 듣고자 한다. 그러나 욥은 어디로 가야 할지 알지 못한다. 그에게 들려오는 대답은 침묵뿐이다. 욥은 방어도 하지 못한 채 절대적 힘을 가진 광포한 자에게 속수무책으로 당할 수밖에 없는 것으로 느낀다. 그러나 욥은 항복하지 않는다. 싸움은 계속된다. 무한히 강한 적대자를 거슬러 싸우는 싸움이 계속된다.

사실상 책에서 욥은 하느님으로부터 대답을 듣는다(38-41장). 하느님은 창조의 긴 이야기로 말씀을 시작하면서 특별히 열 가지 동물을 지적한다(38,39-39,30). 그 묘사는 창조주와 욥을 가르는 심연과 같은 어마어마한 간격을 명백히 드러낼 뿐이다. 두 번째 담화(40,6-41,26)에서 하느님은 두 마리의 신화적 괴물, 곧 전통적으로 혼돈의 힘을 대표하는 하마(브헤못)와 악어(레비아탄)를 묘사한다.

이보다 더 불가사의하고 난해한 대답이 있을까? 하느님은 토론의 여지가 없는 당신의 전능한 힘을 재확인할 뿐, 적대자가 욥을 멸하도록 내버려 두는 것 같다. 그러나 두 가지 측면을 강조해야 한다. 하느님은 욥에게는 대답하지만, 당신이 보인 태도의 정당성을 변호하며 욥의 잘못에서 출발하여 그의 고통을 설명하려고 했던 욥의 친구들에게는 전혀 말씀하지 않는다는 것이 첫 번째 측면이다. 욥은 자신이 원하는 것을, 달리 말해 하느님과의 대화를 얻어 낸다.

두 번째 측면은 좀 더 어렵지만 본질적으로 중요하다. 고대 근동의 상징 언어에서 신화적 두 괴물과 우주에 대한 묘사가 뜻하는 바는 매우 명확하다. 하느님은 당신을 땅과 바다와 폭풍과 계절, 그리고 모든 동물의 최고의 주권자이며 주인으로 계시한다. 우주의 임금은 한 분뿐이다. 그분은 분별없는 인위적 힘의 지배를 받지 않는다. 하느님이 혼돈의 힘 - 브헤못과 레비아탄 - 을 거슬러 굴복시킨다는 것이 두 번째 측면이다. 그러므로 하느님의 행위와 욥의 지치지 않는 탐구 사이에는 병행하는 점이 있으며, 이것이 욥기의 핵심 메시지다. 하느님은 혼돈, 무의미, 부조리, 불의를 거슬러 싸운다. 하느님은 싸움에 승리한다. 욥도 바로 이 적대자들과 투쟁한다. 달리 말해 욥이 투쟁할 때, 하느님 자신이 욥 안에서 투쟁한다고 말할 수 있다. 이처럼 욥의 반항이 그만의 싸움이 아니라 자신보다 더욱 격렬하게 반항하며, 그리고 똑같은 이유 때문에 자기 옆에서 싸우는 하느님의 헤아릴 수 없고 측정될 수 없는 신비에 그 뿌리를 두고 있음을 발견할 때, 욥의 드라마가 안고 있는 난해함이 풀린다.

3. 코헬렛: 성경의 디오게네스

욥기에서 코헬렛으로 넘어가면 어조가 완전히 바뀐다. 우리는 이제 비극의 세계를 지나, 회의주의의 세계에 있다. 코헬렛의 해석은 욥이 제기하는 것만큼이나, 아니 어쩌면 훨씬 더 많은 문제를 제기한다. 나는 이 작은 지면에 모든 미소가 애수의 그림자로 젖어 있다고 말할 수 있는 매우 달콤한 세계, 곧 코헬렛의 세계에 들어갈 수 있도록 현관문을 여는 것으로 만족하고자 한다. 욥기와 코헬렛의 차이점을 말한다면, 욥기에서 비극적으로 보이는 모든 것이 코헬렛에서는 좀 더 거리를 두고 다루어진다고 말할 수 있다. 한 가지 예는 인간의 삶이 짧다는 것이다. 두 책 모두에서 삶에는 견딜 수 없는 무언가가 있다. 욥은 다음과 같이 표현한다.

인생은 땅 위에서 고역이요
그 나날은 날품팔이의 나날과 같지 않은가?
그늘을 애타게 바라는 종,
삯을 고대하는 품팔이꾼과 같지 않은가?
그렇게 나도 허망한 달들을 물려받고

고통의 밤들을 나누어 받았네.
누우면 '언제나 일어나려나?' 생각하지만
저녁은 깊어 가고 새벽까지 뒤척거리기만 한다네(욥 7,1-4).

똑같은 생각을 코헬 2,22-23에서 다시 볼 수 있다.

그렇다, 태양 아래에서 애쓰는 그 모든 노고와 노심으로 인간에게 남는 것이 무엇인가? 그의 나날은 근심이요 그의 일은 걱정이며 밤에도 그의 마음은 쉴 줄을 모르니 이 또한 허무이다.

두 가지 본질적 차이가 욥기의 본문과 코헬렛의 본문을 구분한다. 첫째, 욥은 강력한 이미지, 예를 들어 '쉴 수 있는 그늘' 또는 '즐기기 위한 삯을 오랫동안 기다리는 품팔이꾼'의 이미지를 사용한다. 둘 다 자유가 없다. 이와 달리 코헬렛은 더욱 추상적인 표현, 즉 노고와 노심, 근심과 걱정과 같은 명사들을 사용한다. 둘째, 욥은 모든 인간 존재를 가리키는 종의 잠 못 이루는 밤을 제시하지만, 코헬렛은 사람들의 마음은 밤에도 쉬지 못한다고 말하는 것으로 그친다. 욥은 어떤 사람이 이제 막 잠자리에 들었으나 걱정으로 가득 차 밤새도록 뒤척이다가 새벽이 되어서야 겨우 걱정에서 벗어나는 듯하지만 또다시 힘겨운 하루를 시작해야 하는 그런 밤에 대해 묘사한다.

코헬렛의 관점과 가장 유사한 고대 인물은 그리스의 견유학파 철학자 디오게네스라고 생각한다. 그는 생각이나 처신에서 철저하게 자유로운 사람이었다. 그는 아무에게도 의존하지 않기 위하여, 그리고 물질적 재화의 소유는 사고방식을 제한할 수 있기 때문에 통 속에서 살았다. 그의 정신세계를 잘 드러내는 일화가 다양하다. 하루는 알렉산드로스 대왕이 많은 사람의 입에 회자되는 유명한 철학자를 보기 위하여 직접 그의 통 앞에까지 찾아갔다. 디오게네스는 통 밖으로 나와서 저명한 방문객에게 인사를 하는 대신 그에게 "해를 볼 수 없으니 비켜 달라"고 하였다. 또 한 번은 디오게네스가 한낮에 등불을 켠 채 걸어가고 있었다. 왜 등불을 들고 가느냐고 묻는 사람에게 그는 "사람을 찾는다"고 대답하였다. 마지막으로, 하루는 그가 샘에서 한 손으로 물을 마시는 소년을 본 뒤 자기 사발을 산산조각 내면서 이렇게 말하였다. "나도 저 소년처럼 물을 마실 수 있다. 나의 사발은 전혀 쓸모없다."

나는 코헬렛이 같은 유형에 속한다고 생각한다. 디오게네스의 판단과 같이 코헬렛은 사물과 삶, 야심과 이 세상의 영광, 그리고 인간의 모든 일이 '덧없고' '공허하다'고 말한다. 그의 성찰이 통렬하지는 않다 하더라도 자주 환멸을 표현하는데, 절망적이지는 않다. 회의주의를 취한다 해도, 결코 과장해서는 안 된다

독특한 코헬렛의 문체를 살펴보기 위하여 매우 인상적인 표상들로 인간 조건을 다루는 한 구절을 선택할 수 있다. "그렇다, 산 이들에 속한 모든 이에게는 희망이 있으니 살아 있는 개가 죽은 사자보

다 낫기 때문이다"(코헬 9,4). 대비가 강렬하다. 한편으로 개는 성경 전체는 물론 다른 곳에서도 멸시를 받는 동물이다. 다른 한편, 우리는 더욱 두려움을 느끼게 하는 동물, 맹수들의 왕이며 힘과 주권의 상징인 사자를 만난다. 그러나 코헬렛은 개와 사자의 위계를 완전히 뒤집는다. 개가 살아 있고 사자가 죽었을 때에, 사자는 더 이상 개보다 낫지 않다. 삶과 죽음은 모든 배열을 뒤엎는 가치이다. 생각해 보지 않은 새로운 위계를 설정하기 위해서는 하나는 대립 관계에 놓인 "개"와 "사자", 형용사 "살아 있는"과 "죽은"을 제시하고 삶에 대한 심원한 – 그리고 쓰디쓴 – 성찰을 시작하는 것으로 충분하였다.

4. 집회서: 시라의 건전한 식견의 철학

욥은 상처 입고 반기를 든 영혼이다. 코헬렛은 반反순응주의자이다. 이와 반대로 시라는 대단한 순응주의자이다. 그렇지만 그는 지성적이고 교양이 대단히 풍부하며 교육을 잘 받았다. 우리는 그의 책 집회서에서 신앙과 지식, 그리고 당시의 선善을 위하여 민중 사이에 통용되던 관습들을 잘 요약하고 있음을 본다. 예를 들어 집회서에서 우리는 기원전 2세기 초에 예루살렘의 귀족층 또는 중산층의 '훌륭한 교과서'를 찾아볼 수 있을 것이다. 또한 이른바 "조상들에 대한 예찬"(집회 44-50장)에서 이스라엘 역사에 관한 첫 번째 성찰을 발견할 수도 있다. 그는 또한 예루살렘의 상류사회에서 기획한 저녁 시간이나 환영 만찬 때 나올 수 있는 모든 대화 주제를 다루기도 한다. 곧, 우정, 자선, 교육, 결혼, 여자, 의약, 질병, 부와 가난, 시기와 인색, 종, 율법학자, 잔치, 담화, 예배와 희생 제사, 율법의 독서, 창조, 하느님, 자유, 죽음, 자연을 망라한다. 그가 다루지 않은 얼마 되지 않는 주제들 중, 동물에 대해서 별로 언급하지 않는다는 사실을 주목할 수 있다. 시라는 예루살렘 도성에 거주하며, 전원과 농업과 목축에 대해서는 많이 알지 못하고 별로 동경하지도 않는다.[49] 그는 도시에 사는 히브리인을 입증하는 인물이다.

그의 입장은 대체로 보수적이다. 내적이든 외적이든 혁신에 직면하여 전통의 가치를 주장한다. 그에게서 욥과 코헬렛의 정신보다는 오히려 잠언의 정신을 볼 수 있다. 시라는 예배를 강조하면서도 예배보다 율법을 훨씬 더 강조한다. 그는 여호수아와 이스라엘의 임금들을 율법학자로 만들기를 원했던 환경에서 멀리 있지 않다(위를 보라). '토라', '주님의 가르침'에 대한 묵상과 공부를 이스라엘의 모든 '의인'의 이상으로 제시하는 시편 1편에 들어 있는 정신과도 가깝다.

다른 많은 본문이 있지만, 그 가운데 한 본문이 그의 양식 있는 학식의 본질을 드러나게 해 줄 것이다. 이 단락은 잔치에서 취해야

---

[49] 시라가 농부들—그렇지만 다른 장인들—을 크게 고려하지 않는 것은 율법학자를 칭송하는 집회 38,24-34에서 명백하게 드러난다.

할 올바른 처신에 관해 가르치는 한 장에서 뽑았다(집회 32,1-13). 첫 여섯 구절을 인용하면 다음과 같다.

> 사람들이 너를 잔치 주관자로 내세우더라도 우쭐대지 마라.
> 그들 앞에서 손님들 가운데 하나로 처신하여라.
> 다른 사람들을 먼저 보살피고 그다음에 자리에 앉아라.
> 네 임무를 다하고 자리에 앉아라.
> 그리하여 손님들과 즐거움을 나누고
> 훌륭하게 처신하여 화관을 받도록 하여라.
> 원로여, 그럴 자격이 있으니 말하여라.
> 정확한 지식으로 이야기하되 음악을 방해하지는 마라.
> 여흥이 한창일 때 말을 많이 하지 말고
> 적절하지 못한 때에 지혜로운 체하지 마라.
> 술자리에서 연주되는 음악은
> 금장식에 박힌 홍옥 인장과 같다.
> 맛 좋은 술에 노랫가락은 금 장신구에 박힌 취옥 인장과 같다.
>
> (집회 32,1-6)

누구든지 이 본문을 읽는 사람은 벤 시라가 일종의 자화상을 제시하며, 잔치에 초대받았을 때에는 자신처럼 처신할 것을 권면하고 있다고 생각할 것이다. 아마 그는 여러 차례에 걸쳐 잔치 주관자로 초대

받았던 것 같다. 그는 그런 경우에 취해야 할 태도를 말한다. 예를 들어 우쭐대는 모습을 보여서는 안 된다는 것이다. 모든 면에서 '양식 있게' 처신할 필요가 있다. 말을 하되, 좋은 모임에서는 즐겁게 또 정확히 알고 대화할 줄을 알아야 한다. 그리고 적절할 때에는 침묵을 지킬 줄 아는 것도 매우 중요한 일이다. 그러고 나서 – 벤 시라의 담화에는 약간의 아이러니가 있다 – 그는 여흥, 술, 음악에 대한 취향을 감추지 못한다. 여기저기 아낌없이 숱한 조언을 내놓은 뒤에 표현된 그러한 취향은 벤 시라를 더욱 인간답게 한다고 말하고 싶다. 지루하고 따분한 담화로 '음악을 방해하지 마라.' 상식 있는 세상에서는 예의범절의 모든 규칙에 따라 잘 처신하는 것이 대단히 중요하다. 술, 음악, 여흥 등 좋은 것은 그 가치를 높이 평가할 줄 아는 것도 중요하다. 이 면에는 그리스 문명에서 도입된 온갖 새로운 것을 거부하지 않는 듯한 온당한 감각이 감춰져 있다.

5. 지혜서: 알렉산드리아의 수사학자가 설교한 성경 메시지

지혜문학 가운데 가장 늦게 쓰인 지혜서는 아마 이집트의 알렉산드리아에서 기원전 1세기 말에 쓰였으며 모든 지혜문학 가운데 가장 헬레니즘적인 책이기도 하다. 저자는 이집트 디아스포라의 히브리인이며 헬레니즘 문명에 젖은 사람으로서 자기 선조들의 신앙을 새로운 언어로 재형성하여 현실화한다. 그는 민중의 주제들, 예를 들어 불멸성의 문제를 히브리인의 사고로 다룬다. 간단히 말해, 지혜서는 히브리 공동체가 헬레니즘의 위대한 수사학자들과 겨룰 수 있다는 것을 입증하려고 한다. 히브리인들은 결코 그들에게 뒤지지 않는다는 것이다.

다른 한편, 지혜서는 전통적인 성경의 지혜에 깊게 뿌리를 박고 있다. 문체는 고대 또는 더욱 늦은 시기에 나온 그리스 수사학의 긴 문장보다는 잠언, 욥기, 코헬렛, 그리고 시라의 시 문체에 더 가깝다. 그러나 새로운 변화가 있으며, 지혜서의 마지막 부분에 가서, 특히 지혜 11,4부터 일종의 '시 형식을 갖춘 산문'이 대단히 큰 부분을 차지하고 있음을 본다. 주제들을 다루는 모습도 성경 지혜를 다루는 모습과 유사하다. 물론 지혜서 저자의 글솜씨도 뛰어나다. 예를 들어 창세기를 미드라쉬 방식으로 읽으며(지혜 10,1-15), 탈출기 역시 이 방식으로 읽는다(지혜 10,16-19,22; 미드라쉬 방식의 독서는 11,4에서 시작하여 더욱 발전한다). 특히, 저자는 동일한 아이디어에 대하여 중앙 집중식 구조로 여러 차례 생각하면서 연합과 대비를 사용하여 주제를 발전시킨다. 더욱 논리적이며 조직적인 그리스 수사학에서 논제를 다루는 방식과는 상당한 거리가 있다. 지혜서의 저자는 성경의 데모스테네스(고대 그리스의 웅변가이며 정치가 : 역주)가 아니다.

끝으로, 그는 뛰어나게 아름다우나 다소 과장적인 언어를 쓴다.

저자는 그리스어를 잘 알고 있다는 것을 드러낸다. 그는 기회가 있을 때에는 자신의 풍부한 지식을 과시하며, 고상하고 세심한 어휘를 즐겨 사용한다.

지혜문학의 다른 작품과 마찬가지로, 한 가지 예가 지혜서의 특수성을 더 잘 파악하게 해 줄 것이다. 그것은 야곱이라는 인물에 관한 짤막한 묵상을 다루는 부분이다.

> 그러나 지혜는 자기를 섬기는 이들을 곤경에서 구해 내었다.
> 의인[야곱]이 형의 분노를 피하여 달아날 때
> 지혜는 그를 바른길로 이끌고 하느님의 나라를 보여 주었으며
> 거룩한 것들을 알려 주었다.
> 고생하는 그를 번영하게 하고 그 노고의 결실이 불어나게 하였으며
> 착취자들이 탐욕을 부릴 때에 그 곁에 있어 주고 그를 부자로 만들어 주었다.
> 또 그를 원수들에게서 지키고 매복한 적들에게서 보호하였으며
> 격렬한 싸움이 벌어졌을 때에 그에게 승리를 주어
> 깊은 신심이 그 무엇보다도 강함을 깨닫게 해 주었다(지혜 10,9-12).

여기에 묘사된 야곱은 창세 27-35장에 나오는 야곱 이야기를 '다시 읽고 수정한 판본'이라고 말할 수 있을 것이다. 머리말은 곧바로 매우 확정된 의미로 독서의 방향을 잡아 준다. 곧, 지혜의 보호를 받는

'섬기는(충실한) 이들'에 대하여 말하며, 야곱의 시련을 '고뇌'로 이해한다. 이 단락 전체에서 야곱의 탓이나 책임을 전혀 지적하지 않는다. 오해를 피하기 위하여 지적하자면, 야곱-지혜서는 그의 이름을 사용하지 않는다-은 지혜 10,10에서 '의인'으로 불린다. 야곱과 에사오를 대치시키는 분쟁에서 야곱은 옳고 에사오는 그르다. 그러나 에사오가 왜 화를 내는지는 말하지 않는다. 야곱의 여정은 순례이며 지혜가 '바른길'로 이끌었다. 베텔의 환시(창세 28,10-22)는 하느님 나라의 환시이다. 이 단락은 장인 라반의 집에서 머문 야곱과 연관해서는 야곱이 혈족의 책략에도 불구하고 성공하였다는 사실만 언급한다. 야곱의 성공은 혈족의 술책에 대처하는 지혜 덕분이라고 한다(창세 31,38-42 참조). 저자는 특징적인 단어들로 라반과 그의 자식들의 태도에 낙인을 찍는다. 곧, 그들은 '탐욕'의 지배를 받는 '착취자들', '원수들'이며 계략을 꾸미는 자들이다. 20년 동안 야곱을 자기 집에 머물게 하였고 야곱에게 자기의 두 딸을 아내로 준 외숙에게 환대받았다고는 절대로 말하지 않는다. 긍정적으로 평가하든 부정적으로 평가하든 간에, 별다른 느낌이 담겨 있지 않다. 끝으로, 창세 32,23-32의 이야기 역시 동정이 넘쳐나는 영적 시각으로 해석되었다. 철학자인 알렉산드리아의 필론은 그렇게 오랜 시간이 지나지 않아 그리고 동일한 환경에서 동일한 해석적 맥락을 이용하게 될 것이다.

구약성경의 모든 책 가운데 가장 늦게 쓰인 지혜서와 더불어 우리 여정은 거의 끝부분에 도달하였다. 이제 앞에서 열거한 범주들,

곧 오경, 역사서(전기 예언서), 후기 예언서, 그리고 지혜문학에 속하지 않는 몇몇 책을 아주 간략하게 제시하는 일만 남아 있다. 이 책들을 시편, 애가, 바룩서, 역대기, 에즈라기, 느헤미야기, 마카베오기, 룻기, 에스테르기, 유딧기, 요나서, 다니엘서, 그리고 아가의 순서로 다루고자 한다.

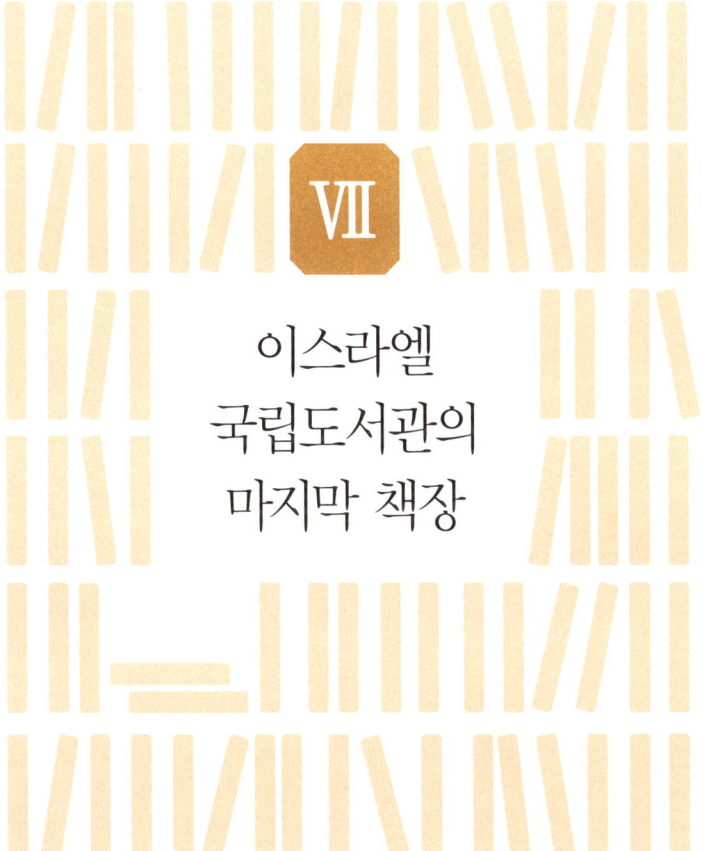

VII

이스라엘 국립도서관의 마지막 책장

1. 시편, 이스라엘 찬양가들의 책

도서관의 마지막 책장은 이 서가에서 가장 중요한 책, 곧 시편으로 시작하자. 시편에 대한 연구서는 무척 많다. 이 논제에 대해 길게 검토하는 것은 적절하지 않다.[50] 시편은 고대 이스라엘의 '찬양가들의

---

[50] 예를 들어 다음과 같은 전문 입문서들을 보라: J. L. Crenshaw, *The Psalms. An Introduction*, Grand Rapids (MI)-Cambridge, Eerdmans, 2001; J. Day, *Psalms*, Sheffield, Academic Press, 1990; H. Gunkel, *Einleitung in die Psalmen. Die Gattungen der religiösen Lyrik Israels*, Göttingen, Vandenhoeck & Ruprecht, 1933, (trad. ingl. *An Introduction to the Psalms. The Genres of the Religious Lyric of Israel*, Macon (GA), Mercer University Press, 1988; A.G. Hunter, *An Introduction to the Psalms*, London-New York, T&T Clark, 2007; Ph.J. Johnston-D. G. Firth (a cura di), *Interpreting the Psalms. Issues and Approaches*, Leicester, Apollos, 2005; K. Seybold, *Die Psalmen. Eine Einführung*, Stuttgart, W. Kohlhammer, 1986 (trad. ingl. *Introducing the Psalms*, Edinburgh, T&T Clark, 1990). 또한 다음의 주해서들도 보라: T. Lorenzin, *I Salmi. Nuova versione, introduzione e commento*, Milano, Paoline, 2002; G. Ravasi, *Il libro dei Salmi. Commento e attualizzazione*. 3 voll., Bologna, Edizioni Dehoniane, 1981-1984. 다음의 연구서들도 보라: W. L. Holladay, *La storia dei Salmi. Da 3000 anni poesia e preghiera*, Casale Monferrato (AL), Piemme, 1998; K. Seybold, *Poetica dei Salmi*, Brescia, Paideia, 2007.

책'을 대표한다. 우리는 여기에서 각기 다른 환경에서 또 전례를 거행하는 다양한 기회에 편찬된, 좀 더 대중적인 노래들과 가까운 매우 발전된 편찬물을 보게 된다. 그러나 우리는 현대 책들처럼 편찬 시기와 장소, 멜로디와 가사의 저자, 그리고 작품의 전례적 사용에 대해서조차 정확한 정보를 가지고 있지 않다. 시편집 내부에서 개별 시편들의 순서는 아직 해결되지 않은 이 작품의 수많은 수수께끼 가운데 하나이다. 시편집 자체가 우리에게 제공하는 유일한 정보는 다섯 권으로 나눈 구분(시편 1-41편; 42-72편; 73-89편; 90-106편; 107-150편)이며, 이 분할은 아마도 다섯 권으로 나뉜 오경의 세부 구분에서 영감을 받은 것 같다. 각 '책'은 영광송으로 끝나며(시편 41,14; 72,18-19; 89,53; 106,48), 시편 150편은 적어도 마소라 본문에서는 시편집 전체의 최종 영광송으로 볼 수 있다. 시편집의 이와 같은 분할은 인위적이며, 내용이나 문학 유형에 근거한 시편들의 분류에 상응하지 않는다. 두 가지 전통적인 시편 수집물, 이른바 "할렐(*Hallel*)" 또는 찬양가들도 언급할 필요가 있다. 히브리어에서 '할렐'은 '찬양하다'를 뜻한다. 여기에서 '주님(야[훼])을 찬양하라'를 뜻하는 '알렐루야'라는 단어가 나온다. 두 개의 할렐, 곧 소할렐(시편 113-118편)과 대할렐(시편 119-136편)이 구분된다. 더욱 늦은 시기에는 파스카 축제를 지내는 동안 저녁 식사 전에 시편 113-114편을, 그리고 저녁 식사 후에는 시편 115-118편을 노래하였다. 마르 14,26에서 예수와 제자들이 찬미가를 부르고 나서 올리브산으로 갔다는 말은 이러한 관습을 암시한다. 시편집은 일련의 찬미가들로 끝나는데(시편 146-150편), 이 찬미가들은 동일한 범주에 속한다. 우리는 대할렐 안에서 이른바 층계 시편들 또는 예루살렘으로 '올라가면서' 순례자들이 부르는 시편들을 보게 된다(시편 120-134편). '올라가며 부르는 시편들'('순례의 노래')은 히브리 성경에서 제시하는 표제이다. 인간이 놓이게 될 온갖 환경과 상황을 위한 기도들이 시편집에 수집되어 있다는 사실은 매우 중요하다. 기쁨과 감사에서부터 반역과 절망에 이르기까지 인간의 모든 감정이 시편집에 존재한다. 그런데 기도 안에서는 모든 것이, 인간 영혼의 더욱 어두운 부분들까지도 변형될 수 있다. 다음 항목에서 좀 더 자세하게 분석하고 싶은 것이 바로 이 부분이다.

1) 신앙인의 감정과 삶의 순간들을 표현한 시편

성경 설화의 연구자들은 성경의 인물들이 말하고 행동하지만, 생각하지는 않는다고 자주 되풀이하여 지적한다. 성경 설화에는 생각이나 감정 등 정신 작용을 묘사하는 수단이 딱히 없었다. 이 밖에도 성경의 인물들은 과거 사건을 기억하지도 않는다. 예외는 대단히 적다. 그 예로 요셉은 자기 형제들이 자기 앞에 엎드려 절을 할 때 자기의 꿈을 기억하며(창세 42,9), 크세르크세스 임금은 자기 아내 와스티를 내친 것을 다시 생각하고 그에 따른 정리를 하려고 하였다(에스 2,1). 그러나 요셉과 에스테르는 우리와는 다른 세계에 있다. 그 세계에는 인간 심리가 가장 큰 자리를 차지한다. 왜냐하면 이 이야기들에는 사실상 하느님이 존재하지 않으며 사람들에 대해 생각할 수 있는 여지를 더 크게 마련해 주기 때문이다.

그러나 성경이 한 인물에게 자신의 감정을 표현하도록 허용하고자 할 때에는 특별한 수단으로 거의 항상 서정시를 이용한다. 매우 강력한 감정을 표현해야 할 때, 시 단락들이 사용된다. 예를 들어, 바다를 건너고 이집트 군대의 패배를 알고 난 뒤의 기쁨을 노래하는 승리의 노래 또는 축가인 탈출 15,1-21; 광야에서 물을 찾는 것과 연관된 수수께끼 같은 단락인 민수 21,17-18의 우물의 노래; 예기치 않은 승리를 거둔 뒤에 부른 또 다른 축가인 드보라의 노래(판관 5장); 사무엘의 탄생을 기뻐 노래한 한나의 노래(1사무 2,1-10); 사울과 요나탄이 죽은 뒤에(2사무 1,17-27) 또는 아브네르가 죽은 뒤에(2사무 3,33-34) 다윗이 부른 애도의 노래; 물고기 배 속에서 부른 요나의 절망적 노래(요나 2장) 등 한 인물이 매우 강력한 감정을 표현해야 할 때, 시 단락들이 사용된다. 우리는 더 늦은 시기의 본문들에서, 예를 들어 토빗기(3,1-6.11-15; 8,5-7; 13장), 유딧기(15,9-10; 16,1-17), 그리고 마카베오기(1마카 3,3-9; 14,4-15)에서 다양한 서정시 단락을 만난다.

이 관점에서 볼 때, 시편은 성경 도서관에서 특권적 위치를 차지한다. 시편은 성경의 서정시들을 더욱 광범위하게 수집한 것으로서 인간 감정의 한층 폭넓은 표현을 보여 준다. 그러나 모든 시편이 개인 감정의 표현인 것은 아니다. 많은 시편이 공적 행사, 예를 들어 임금의 왕위 즉위식(시편 110편), 전례 축일(81편), 군주의 혼인(45편) 등을 기념하기 위하여 편찬되었다. 여하튼 시편들은 개인의 삶과 공적 삶에서 이스라엘 정신(anima)의 심층을 표현한다. 몇 가지 예가 이를 충분히 드러내 줄 것이다.

개인 감정을 담고 있는 것으로는 무엇보다도 특히 심각한 위기를 겪은 뒤의 기쁨(30편), 하느님에 대한 신뢰(27편), 죽을 위험에서 벗어난 뒤에 감사하는 마음(116편), 위험에 처하여 느끼는 고뇌(25편), 무죄한 이의 항변(26편), 짧은 인생의 발견(30편과 90편), 질병(41편), 죄의 탓(32편), 부조리한 삶 앞에서 느끼는 절망(88편), 복수의 염원(109편) 등을 언급할 수 있다.

다른 시편들은 특히 집단적 경험과 정서를 반영한다. 여기에서도 예는 넘쳐난다. 곧, 어떤 시편들은 온 세상을 다스리는 하느님의 통치를 경축하며(47, 93, 96-98편), 다른 시편들은 예루살렘에 거처하는 이스라엘의 하느님께만 찬양을 드린다(8, 19, 29, 145-150편). 또 다른 시편들은 거룩한 도성을 특별히 경축하거나(46, 48, 76, 87편), 국가적 재난을 겪은 뒤에 공적으로 애도하는 시편이다(74, 79, 106, 123편). 예루살렘으로 순례를 가는 동안 부른 이른바 층계 시편들이 이 범주에 속한다(120-134편).

시편들은 다양한 사회계층의 관심사들도 반영한다. 예를 들어 시편 101편은 어느 임금의 기도이다. 다른 시편들은 전쟁을 하기 전에(20편) 또는 한 왕국의 시작에(72편) 군주를 위해 바치는 기도이다. 또 다른 일련의 시편들은 임금 즉위식(2, 110편) 또는 임금의 혼인(시편 45편) 축제와 연결되어 있는 노래로 형성되어 있다.

분명히 다른 사회 계층들도 존재한다. 물론 시편 저자의 계층이나 출신을 정확하게 식별하는 것이 항상 쉽지는 않다. 시편 127편과 특히 시편 128편은 얼마든지 한 가족의 아버지의 기도일 수 있다. 그러나 예컨대 어머니의 기도는 전혀 남아 있지 않다. 노인들의 기도는 있지만(71편), 젊은이들의 기도는 없다. 이 관점에서 볼 때, 시편들은 기껏해야 남자와 성인이 더욱 중요하게 여겨지는 히브리 세계를 반영한다. 물론 여자들이 전혀 없는 것은 아니지만, 이차적 위치를 차지한다는 것을 인식할 필요가 있다(45; 51,7; 86,16; 113,9; 116,16; 123,2; 128,3; 131,2; 144,12). 덜 선호되는 부류인 종과 아기에 대해서도 마찬가지다. 시편 123편이 예외적인데, 이 시편 저자는 자신을 종과 몸종에 비교한다. 많은 시편이 매우 개방적이며 보편적 언어를 이용한다. 그러나 묘사된 상황들, 특히 법률적 문제와 '원수들'에 대한 적대감은 사실 여자보다 남자에게서 더 뚜렷히 드러나는 특징이다.

몇몇 시편에는 하루 또는 한 해의 다양한 순간을 위한 기도들이 있다. 시편 3, 5, 57, 60, 108편은 아침기도이며, 시편 4편은 저녁을 위한 기도이고, 시편 132편은 밤을 경축하기 위한 기도이다. 시편 65편은 가을에 다시 비가 오는 것을 경축하며, 시편 67편은 수확에 대하여 하느님에게 감사한다.

이스라엘의 역사, 특히 이집트 탈출과 광야 체류에 관한 묵상으로 제시되는 긴 시편이 세 개(78, 105, 106편) 있다. 시편 89편도 같은 그룹에 속하지만, 다윗 왕조에 대하여 말한다. 오늘날에는 '영적 독서'(lectio divina)라고 말할 수 있을 것이다. 이와 비슷한 또 하나의 범주는 의인과 악인의 삶과 운명에 관한 묵상용으로 편찬되었다(34, 37, 112편). 이 시편들은 때때로 지혜 시편 또는 교훈 시편이라 불린다.

2) 시편집의 서문인 시편 1편

이 마지막 범주(지혜 시편)에 속하는 시편 1편은 시편집 전체의 서문이라는 특별한 역할을 수행하였다. 이 시편은 의인의 삶과 악인의 삶에 관한 명상으로 제시된다. 의인과 악인을 구분하는 기준은 주님의 '토라'에 대한 명상이다(1,2). 달리 말해, 의인은 토라를 연구하는 사람이며 토라를 준수하는 충실한 사람인데 반하여, 삶을 즐기는 사람은 악인이다. 토라는 의인을 규정한다.

    시편 1편의 어휘는 우리가 '전기 예언서'의 시작 부분에서 만났던 여호 1,7-8의 어휘와 대단히 유사하다.

오직 너는 더욱더 힘과 용기를 내어, 나의 종 모세가 너에게 명령한 모든 율법을 명심하여 실천하고, 오른쪽으로도 왼쪽으로도 벗	오히려 주님의 *가르침*을 좋아하고 그분의 가르침을 *밤낮으로 되새기는* 사람.

어나서는 안 된다. 그러면 네가 어디를 가든지 성공할 것이다. 이 율법서의 말씀이 네 입에서 떠나지 않도록 그것을 *밤낮으로 되뇌어*, 거기에 쓰인 것을 모두 명심하여 실천해야 한다. 그러면 네 길이 번창하고 *네가 성공할 것이다*(여호 1,7-8).

그는 시냇가에 심겨 제때에 열매를 내며 잎이 시들지 않는 나무와 같아 *하는 일마다 잘되리라*(시편 1,2-3).

이 두 본문 – 한 본문은 예언서들(전기 예언서와 후기 예언서)의 시작 부분에, 다른 한 본문은 히브리 성경의 세 번째 부분(성문서, *ketûbîm*)의 서문에 위치한 – 에는 영감을 받은 모든 책을 '토라'에 예속시키려는 의지가 명확히 드러난다. 이런 관점에서 읽을 때 시편 1편은 주님의 율법 – 가르침에 관한 의인의 명상이 된다. 예를 들어 가장 늦게 쓰인 시편들 가운데 하나인 시편 119편처럼 예외적인 경우를 제외한다면, 시편 1편은 분명히 이러한 이상적 모습에 드물게 부합하는 어느 시편을 재해석한 것이 분명하다.

3) 시편 1편과 이스라엘 종교의 다양한 형태

지금까지 제시된 성경의 책들 중 대부분은 부유하고 학식을 갖춘 이들에 의해 저술되었다. 예외는 얼마 되지 않는다. 예를 들어 성조들의 일화와 판관기의 몇몇 이야기, 특히 기드온(판관 6-8장)과 삼손(13-16장)에 관한 이야기 정도가 예외에 속한다. 이와 달리 특히 이스라엘의 공적 신심에서 유래하는 다른 단락들과 나란히 시편집은 민중 신심의 다양한 형태를 반영한다. 몇몇 시편은 왕실에서 편찬하였기에, 앞에서 살펴보았던 것처럼 공적인 국가 종교의 영역에 속해 있었다. 다른 시편들은 더욱 단순한 시편으로, 예컨대 질병이나 이웃의 적대감, 노년, 죽음, 이 세상의 불의, 농사일 등 일반 민중의 문제를 다룬다. 매우 구체적인 신심이나 일상적 문제에 집중할 뿐 구원 역사를 언급하지 않는다. 그들이 호소하는 하느님은 성소에 계신 분으로 아마도 지방 성소 또는 예루살렘 성전의 하느님이다(시편 3,5; 5,8; 27,4; 42,3; 84,2-3.5.11; 138,2). 그것은 크게 중요하지 않다. 그분은 시편 저자가 도움이 필요한 경우에 부르는, 곁에 계신 하느님이다.

이 점과 연관하여 오경에 제시된 그대로의 구원 역사가 시편집에는 거의 존재하지 않는다는 사실이 흥미롭다. 긴 역사 시편이 세 개(78, 105, 106편; 위를 참조하라) 있지만 - 긴 시편들은 아주 적다 - 늦은 시기의 편찬물로 판단된다. 오경에 핵심 사건인 시나이산의 하느님의 출현은 시편집에 간단히 언급될 뿐이다. 이 사건에 대해서는 "나에게 모여라, 내게 충실한 자들아 제사로 나와 계약을 맺은 자들아!"(50,5)와 "모세와 아론은 그분 사제들 가운데에, 사무엘은 그분 이름을 부르는 이들 가운데에 있네. 그들이 주님께 부르짖자 그들에게 친히 응답하셨네. 구름 기둥 안에서 그들에게 말씀하시자 그들은 그분의 법과 그분께서 내리신 명령을 지켰네"(99,6-7)에서 언급한다고 볼 수 있을 것이다. 시나이는 시편 68편(9절과 18절)에서 단지 두 번 언급되었는데, 아마도 8-9절에서 이집트 탈출을 언급하는 것 같다. "하느님, 당신께서 당신 백성에 앞서 나아가실 제 당신께서 사막을 행진하실 제, 셀라. 땅이 뒤흔들리고 하늘마저 물이 되어 쏟아졌습니다. 하느님 앞에서, 시나이의 그분 하느님, 이스라엘의 하느님 앞에서." 오경 전체에서 대단한 인물로 묘사되는 모세조차도 시편집 전체에서 언급되는 횟수가 아주 적다(77,21; 90,1에서 표제로. 그리고 99,6; 103,7; 105,26; 106,16.23.32). 모세는 모두 여덟 번 언급되는데, 그 가운데 네 번, 곧 반은 두 개의 역사 시편(105편과 106편)에서 언급된다. 성조들도 시편집에서 거의 언급되지 않는다. 아브라함은 시편 47,10과 105,6.9.42에서, 이사악은 오직 시편 105,9에만, 성조 야곱은 시편 77,16과 105,10.23에 나타난다. 요셉의 이름은 시편 77,16과 105,17에서 언급된다. 이집트 탈출 사건도 별로 언급되지 않는다(77,21; 105,37-39; 106,9-12; 136,10-15).

지금까지 짤막하게 검토한 끝에 다음과 같은 결론에 이르게 된다. 곧, 시편들에 묘사된 이스라엘 종교는 우리가 오경에서 본 모습과 딱 들어맞지 않는다. 이스라엘의 종교생활의 중심은 성전(또는 지방 성소), 예배, 그리고 왕정이다. 지방 성소들을 반대하는 어떤 논쟁도 언급하지 않는다는 사실 또한 덧붙일 수 있다. 시편집에서 예배의 중앙 집중화는 문제로 여기지 않으며, 이에 관하여 열왕기 상·하권에서 지속적으로 논의된 사실을 무시하는 듯하다. 그러므로 누군가가 시편 1편을 시편집의 시작 부분에 첨가할 필요성을 느낀 이유를 우리는 더 잘 이해할 수 있을 것이다. 이스라엘의 '기도서'(Book of Prayers)를 국립도서관에 통합하기를 원했다면, 그렇게 할 필요가 있었을 것이다.

여하튼 시편집은 성서학자들 사이에 대단히 널리 퍼져 있는 생각, 곧 이스라엘 종교는 무엇보다도 유배의 위기로 인해 중요한 개혁을 겪었다는 사실을 확인해 준다. 두 개의 기둥인 성전이 파괴되고 왕정이 끝장나면서 백성의 정체성을 재건하기 위하여 다른 토대들을 찾아야만 했다. 이 순간부터 성조들, 이집트 탈출, 율법, 시나이, 그리고 모세는 새로운 중요성을 갖게 되었고, 이전에 귀중하게 대하던 것들은 더는 존중하지 않게 되었다. 이스라엘은 이러한 토대 위에 재건되었다. 그렇지만 우리의 국립도서관에는 그렇게 '재건된' 문헌들이 모두 갖추어져 있다. 시편집은 처음에는 아시리아의 침공으로, 그리고 다음에는 신바빌로니아의 침공으로 야기된 위기가 있기 이전의 종교에 대한 기억을 나름대로 대부분 보존하였다.

2. 애가

애가는 시편집보다 훨씬 더 균질하다고 하더라도 이스라엘 도서관의 서정시 구역에 속한다. 애가는 기원전 588-587년 바빌로니아 군대에게 약탈을 당한 예루살렘 성읍에 대한 애도의 노래들을 담고 있다. 애가는 잘 알려진 문학 유형, 곧 소중한 사람을 잃었을 때 부르는 장례식의 추도가 유형을 이용한다. 그리스에서 추도가 유형으로 가장 잘 알려진 예는 아이스킬로스의 비극시 〈페르시아인들〉(기원전 472년)의 마지막 합창이다. 여기서 페르시아 임금 크세르크세스는 살라미스 해전에서 아테네와 아테네의 동맹군들에게 대패한(기원전 480년) 후 대성통곡하며 추도의 노래를 부른다.

애가는 예레미야 예언자가 바빌로니아 군대에 의해 성도聖都가 불에 타고 약탈되는 현장을 목격했다는 단순한 이유 때문에, 그의 작품으로 여겨졌다. 애가의 음조는 예언자의 음울한 몇몇 지면과 가깝기도 하다. 예를 들어 바빌로니아 군대가 예루살렘의 성문에 서 있을 때의 지배적 분위기를 잘 전해 준 예레 4,19-21을 생각해 보라.

아이고 배야, 배가 뒤틀리네! 내 심장의 벽이여 내 안에서 심장이 마구 뛰어 가만히 있을 수가 없구나! 나팔 소리가, 전쟁의 함성이 나에게 들려오고 있다.
재난에 재난이 겹치는구나. 정말 온 땅이 황폐해지고 나의 천막이 순식간에, 나의 장막이 한순간에 무너지는구나.
내가 언제까지나 더 깃발을 보아야 하고 언제까지나 더 나팔 소리를 들어야 하는가?

이와 매우 유사한 또 다른 본문은 예레 8,21-23이다. 이 본문에서 예언자는 자기 성읍의 악을 교정할 길이 전혀 없음을 알았을 때 느끼는 고통을 표현하기 위하여 매우 강렬한 표상들을 사용한다.

> 내 딸 내 백성의 상처 때문에 내가 상처를 입었다. 나는 애도하고 공포에 사로잡혔다.
> 길앗에는 유향도 없고 그곳에는 의사도 없단 말이냐? 어찌하여 내 딸 내 백성의 건강이 회복되지 못하는가?
> 아, 내 머리가 물이라면 내 눈이 눈물의 샘이라면 살해된 내 딸 내 백성을 생각하며 밤낮으로 울 수 있으련만!

예레미야 예언서의 이 본문을 애가 2,18(1,16; 3,48-51 참조)의 마지막 구절과 비교할 수 있다.

> 주님께 소리 질러라, 딸 시온의 성벽아.
> 낮에도 밤에도 눈물을 시내처럼 흘려라.
> 너는 휴식을 하지 말고 네 눈동자도 쉬지 마라.

그러나 비판적으로 검토하면 애가를 예레미야의 작품이라고 주장할 수 없다. 예레미야서와 애가에 각각 표현된 의견 사이에는 너무 많은 차이가 있다. 예를 들어, 애가 4,20은 예루살렘의 마지막 임금 치드키야에 대하여 매우 긍정적으로 말한다('우리의 목숨인, 주님의 기름 부음받은이'). 그러나 예레미야는 치드키야 임금을 매우 신랄하게 비판하였는데, 예레 24,8에서 치드키야와 그의 사람들을 모두 나쁜 무화과에 비교하였다. 애가 5,7은 명백히 개개인의 잘못을 집단이 보상해야 한다는 생각을 전제한다. 이방인 자식들은 선조들의 잘못을 짊어져야 한다. "죄를 지은 저희의 선조들은 이미 없는데 저희가 그들의 죄악들을 짊어져야 합니다." 이와 달리 예레 31,29-30은 개인이 책임져야 한다는 생각을 도입하기 위하여 그와 같은 개념에 대항해 싸운다. "그날에 그들은 더 이상 이렇게 말하지 않을 것이다. '아버지가 신 포도를 먹었는데 자식들의 이가 시다.' 오히려 인간은 저마다 자기가 지은 죄로 말미암아 죽고, 신 포도를 먹은 사람은 모두 제 이만 실 것이다." 끝으로 애가 4,17은 이집트의 개입을 간절히 희망하였다. "헛되이 도움을 바라느라 우리 눈은 멀어 버렸다네. 구해 주지도 못하는 민족을 고대하며 우리는 망루에서 눈을 떼지 않았다네." 이와 달리 예레 37,5-7은 이집트의 개입을 조금도 신뢰하지 않았다. 애가는 예언자 예레미야와는 다른 부류에서 유래한 게 분명하다. 애가의 다섯 장은 다양한 출처와 어렵고도 서로 다른 문체들로 이루어진 단락들을 포함하고 있어서 유일한 한 사람의 작품이라고 말하기 어렵다.

애가의 문체를 볼 때, 첫 네 장의 시는 이합체시, 달리 말해 스물두 개의 히브리어 알파벳의 각 문자로 매 연을 시작하는 알파벳 시이다. 몇몇 시편(9-10; 25; 34; 37; 111; 112; 119; 145편)과 나훔서가 이와 같은 알파벳 시로 되어 있다.

짤막한 본문을 인용해도 애가의 주요한 면모를 볼 수 있는데 애가 2,5의 본문이 그 좋은 예다. "주님께서는 원수처럼 되시어 예루살렘을 쳐부수셨다. 그 모든 궁궐들을 쳐부수시고 그 성채들을 허물어뜨리시어 딸 유다에게 애통과 비애를 더하셨다." 이 구절에서 하느님은 성읍의 수호자가 아니라, 성읍의 원수로 처신한다는 단언이 눈에 띈다. 애가 3,1-18은 동일한 경험을 표현력이 풍부한 표상들로 발전시킬 것이다. 애가 3,10-13은 이 점을 특징적으로 보여 준다.

> 나에게 그분은 숨어 기다리는 곰 매복하여 엿보는 사자.
> 내가 길을 벗어나 내 몸이 굳어지게 하시고 나를 뻣뻣하게 만드셨네.
> 당신의 활을 당기시고 나를 화살 과녁으로 세우셨네.
> 당신의 화살들로 나의 내장을 꿰뚫으셨네.

하느님은 자기 희생물을 광포하게 대하는 야수나 궁술가처럼 처신한다. 물론 이것이 애가에 나오는 하느님의 유일한 표상은 아니다. 그러나 아마도 마지막 순간까지 재앙에서 벗어나기를 희망하였던 한 백성의 쓴 경험과 고통스럽게 경악하는 모습을 더 잘 표현하는 것 같다. 이 표상은 욥기에서 다시 찾아볼 수 있다(욥 16,6-17 참조).

성경에는 예루살렘의 함락과 연관된 특별한 의식 거행에 대한 암시가 더러 있다. 예레미야서는 스켐과 실로와 사마리아 – 멸망한 북 왕국의 세 중심지 – 에서 제물과 향료를 손에 들고 주님의 성전에 바치러 온 남자 여든 명에 대하여 말한다. 그들은 애도의 표시로 수염을 깎고 옷을 찢고 몸에 상처를 냈다(예레 41,5). 그들은 예루살렘 성전이 우뚝 서 있는 곳에서 애도의 전례를 거행하러 왔다고 상상할 수 있다. 즈카르야서도 예루살렘 함락에 즈음하여 거행하는 의식을 언급한다(즈카 7,3). 애가는 바로 이런 상황에서 편찬된 몇몇 애도의 본문을 보존한 것일 수 있다. 여하튼 히브리인들은 기원전 587년 바빌로니아 군대에 의해 점령된 날이며 공교롭게도 기원후 70년 로마 군대에 의해 파괴된 날이기도 한 압 달, 곧 다섯째 달 제9일에, 달리 말해 예루살렘 함락 기념일에 애가를 읽는다.

그리스도교 전례에서 애가는 오랫동안 성주간 때 이용되었다. 가장 아름다운 그레고리오 성가의 한 단락은 바로 라틴어로 쓰인 애가의 노래이다.

3. 바룩서와 예레미야의 편지

애가와 동일한 책장 위에 바룩서와 예레미야의 편지를 나란히 놓을 수 있다. 가톨릭 성경의 제2경전 가운데 하나인 짤막한 바룩서는 칠십인역 그리스어 사본에서 예레미야서 바로 다음에 위치해 있다. 그 이유는 단순하다. 바룩은 예레미야의 비서였다.[51] 바룩서는 이질적인 네 부분으로 구성되어 있는데, 아마도 여러 저자에게서 유래했기 때문일 것이다.

1) 예루살렘 함락 직후에 바룩서의 편찬 환경을 밝힌 역사적 서문 (1,1-14).
2) 긴 참회 기도(1,15-3,8).
3) 지혜에 관한 명상(3,9-4,4).
4) 예루살렘을 위한 권고와 위로(4,5-5,9).

바룩서의 저술 연대는 마카베오 시기까지 거슬러 올라갈 수 있으며, 많은 사람이 생각하듯이 기원후 70년 티투스의 손에 예루살렘이 파괴된 뒤에 새로운 의미를 찾은 참회 전례를 포함하고 있을 것이다. 유배 이후의 히브리 세계에서 성도 예루살렘이 차지하는 비중은 매우 컸으며, 이와 관련하여 바룩서에서 가장 중요한 자료들이 만들어졌다.

제2경전에 속하는 또 다른 예레미야의 편지는 어쩌면 우리의 성경에서 덜 알려진 작품들 가운데 하나일 것이다. 예레미야가 저자라는 주장은 그 근거가 확실하지 않다. 이 편지는 후대에 예레미야의

---

51) 예레 32,12.16; 36,4.8.32; 43,3.6; 45,1 참조.

이름을 빌려 쓴 차명 작품이다. 예언자 예레미야는 바빌로니아를 향해 출발하는 유배자들에게 우상 숭배의 유혹에 빠지지 않도록 권면한다. 이는 예레 10,1-16; 이사 40,19-20; 41,6-7; 44,9-20; 46,1-9부터 지혜서, 그리고 알렉산드리아의 필론에 이르기까지 줄곧 다루는 일반적인 주제이다. 따라서 이 편지는 헬레니즘 시기가 한창일 때 쓰였다. 음조는 외국에 흩어져 사는 유다인 자녀들에게 편지를 써서 외국 생활에서 겪을 수 있는 큰 위험들을 피할 것과 특히 자신의 정체성을 잃어버리지 않도록 격려하는 매우 소심한 부모의 음조이다.

4. 이스라엘 역사에 대한 몇 가지 추가 자료

이스라엘 국립도서관의 이 마지막 책장들 위에는 이른바 '역사서들'(여호수아기-열왕기 하권)과 동일한 범주에 집어넣어야 할 작품이 셋 있다. 그것들이 역대기 상·하권, 에즈라기-느헤미야기, 그리고 마카베오기 상·하권이다.

1) 역대기와 예루살렘의 전례 공동체

첫 번째 추가 자료는 두 권의 작품으로 되어 있는 역대기다. 역대기는 아담에서부터 키루스의 칙령(기원전 538년)에 이르기까지 전체 역사를 다루며, 외국에 흩어져 사는 유다인들에게 예루살렘으로 돌아오도록 초대한다. 그러나 이 작품은 다윗과 솔로몬의 왕국(1역대 2-29장과 2역대 1-9장)과 이어서 유다 왕국의 역사를 중요하게 다룬다(2역대 10-36장). 독자는 역대기 상·하권에서 전례적 음조를 느낄 것이다. 다윗과 솔로몬은 거의 모든 시간을 예루살렘 성전의 예배 의식을 만드는 데에 바쳤던 것처럼 보인다. 이 작품-페르시아 시대 후기에 나왔지만, 심지어 헬레니즘 시기의 작품이라고 생각하는 사람들도 있다-의 목적은 다윗과 솔로몬의 통일 왕정 시기에 기초가 세워진-역대기 상·하권에 따르면-성도 예루살렘의 유배 이후 예배에 대해 매우 오래된 '추천서'를 제공하려는 데 있다. '역대기 작가'라고 불리는 저자는 기회 있을 때마다 유배 이후의 공동체를, 온 삶의 중심을 전례에 두었던 왕정 시대의 공동체로 만들기를 원했던 것 같다.

역대기는 고대 이스라엘의 역사를 어떻게 썼는지-아니, 차라리 다시 썼는지라고 표현하는 게 낫다-를 더 잘 이해하게 해 주는 몇 가지 선택을 한 것으로도 유명하다. 역대기와 그 원천으로 사용된 사무엘기와 열왕기를 비교하면, 시사하는 바가 매우 크다. 예를 들어, 역대기는 다윗의 역사를 이야기할 때 활력과 즐거움을 주는 그 모든 것을 제거한다. 이렇게 한 이유는 일종의 교훈적이며 교화적인 이야기로 만들기 위해서인데, 때로는 매우 지루하다는 말을 듣는다. 다윗의 유아기와 청년기, 사울과의 분쟁, 사울의 아들 이스 보셋(에스바알)이 이스라엘에서 다스릴 때에 다윗이 헤브론에서 다스린 기간에 있었던 일 등은 거의 보이지 않는다. 다윗과 밧 세바의 정사, 우리야 살해, 또는 압살롬의 반역에 대해서도 역대기는 분명히 아무것도 말하지 않는다. 솔로몬은 이상화되었다. 왕권을 장악하기 위해 일으킨 쿠데타나 자신의 반대자들을 제거한 잔인성은 전혀 언급되지 않는다. 솔로몬의 말년에도 그림자는 없다. 곧 1열왕 11장에 언급된, 자기 왕국의 마지막 시기에 있었던 호화로운 생활과 우상 숭배에 대한 언급도 찾아볼 수가 없다. 솔로몬을 언급한 뒤에, 역대기 상·하권은 유일하게 남 왕국의 운명에 대해서만 관심을 갖는다(2역대 10-36장). 간단히 말해, 역대기는 활력 있고 열정으로 가득 찬 성경 이야기를 활력이 없는 교훈적 서술로 변형시킨다.

역대기는 일반적으로 임금이나 예언자가 발설하는 일련의 담화들을 소개하는 책으로 알려져 있는데, 더욱 의미 있는 예들은 다윗 임금(1역대 28,1-10), 아비야 임금(2역대 13,4-12), 아자르야 예언자(15,1-7), 하나니 선견자(16,7-9), 예후 선견자(19,2-3), 레위인 야하지엘(20,14-17), 익명의 예언자(25,15-16), 그리고 오뎃 예언자(28,9-11)의 담화이다. 사무엘기나 열왕기에 이미 수록된 담화는 재차 언급하지 않는다. 그 절차는 이미 알고 있는 사실이다. 곧, 성경 저자들은 그리스와 로마의 위대한 역사가들과 마찬가지로 '역사'의 인물들을 자신의 생각을 드러내는 매개체로 이용한다. 그리스의 역사 서술에서 페리클레스의 담화들로 이루어진 투키디데스의 작품 《펠로폰네소스 전쟁사》가 가장 유명한 예일 것이다. 〈아테네인들에게 주는 조언〉(II, 60-64)

으로 알려진 둘째 담화는 자기 선임자들의 실용적이지 않으면서 오만한 정치를 비판한다. 한층 잘 알려진 첫째 담화는 전장에서 죽은 아테네 군인들에 대한 추도사이다(II, 35-46). 우리는 여기에서 아테네의 이상적 민주주의 정치인들과 영웅들, 그리고 그리스 전체에, 말하자면 인류 전체에 하나의 모델이 될 아테네의 제도에 대한 훌륭한 찬사를 발견할 수 있다. 말할 필요도 없이 이 담화에는 투키디데스가 소중하게 여기는 생각들이 반영되고 있다.

페리클레스의 담화와 역대기에 나오는 아비야의 담화를 간단히 비교하면, 그리스 세계와 성경 세계를 구분하는 지점을 확인하는 데 도움을 받을 수 있을 것이다. 페리클레스는 다른 그리스 도시들과 외국 도시들보다 아테네가 우월하다는 것을 보여 주려고 할 때 특별히 한 가지 점을 주장한다. 한층 의미 있는 대목은 바로 이곳이다 (II, 37).

우리가 모방자에 불과한 다른 사람들에게 본보기 이상이라는 점에서, 우리의 정치체제는 이웃 사람들의 법들을 모방하지 않은 것입니다. 그리고 시민권이 소수의 인민이 아니라 대부분의 인민에게 귀속되도록 권고하고 있기 때문에 이 정치체제를 민주제라고 부릅니다. 곧, 사적인 이해관계에 관한 일이라면, 법 앞에 모든 이가 동등합니다. 이와 달리 국가 행정에서 공직을 맡은 문제에 대해서는, 사회적 계급이 아니라 맡을 만한 능력이 있는지, 그 분야에서 출중한

지에 따라 각각에 적합한 사람을 선택합니다.[52]

페리클레스는 아테네의 우월성이 서로 관련된 세 가지 요소로 특징 지워진 민주주의 정치제도에서 유래한다고 생각한다. 첫째, 권력은 모든 이의 손 안에 있다. 둘째, 법 앞에 모두가 평등하다. 셋째, 공적 임무를 맡을 사람의 선발은 공적과 능력에 근거하지, 정당의 권력이나 경제 조건에 근거하지 않는다. 페리클레스는 다음과 같이 말한다. "어떤 사람이 국가에 봉사할 능력을 갖추고 있는 한, 그가 가난하다고 해서 정치적으로 무시당하지 않습니다."[53]

솔로몬의 손자 아비야 임금의 담화는 시민들이 아니라, 두 왕국의 군대가 전투를 벌이기 전에 이스라엘의 임금 예로보암과 그의 군대에게 하는 담화다. 아비야는 적수들 앞에서 자신의 입장을 설명한다.

> 예로보암과 온 이스라엘은 내 말을 들어라. 너희는 주 이스라엘의 하느님께서 소금 계약으로, 다윗과 그 자손들에게 이스라엘을 다스릴 왕권을 영원히 주신 것을 알지 않느냐? 그런데도 다윗의 아들 솔로몬의 신하, 느밧의 아들 예로보암이 일어나 자기 주군에게

---

52) C. Moreschini, in Erodoto e Tucidide, *Storici greci*, Firenze, Sansoni, 1990, pp. 534-535의 이탈리아어 번역.
53) 같은 책, p. 535.

반역하였다. 그래서 건달들과 무뢰한들이 그에게 몰려들어, 솔로몬의 아들 르하브암에게 맞섰다. 그때에 르하브암은 아직 젊고 마음이 연약하여 그들에게 맞설 힘이 없었다. 지금 너희는 수많은 무리를 이루고, 예로보암이 신이라고 만들어 준 금송아지들이 너희와 함께 있다고 해서, 다윗 자손들의 손에 맡겨진 주님의 나라에 맞설 힘이 있다고 생각하느냐?(2역대 13,4-8)

페리클레스의 담화와 아비야의 담화 사이에는 눈에 띄는 본질적 차이가 존재한다 페리클레스는 민주주의의 가치에 의존하고, 아비야는 요세푸스 플라비우스의 교훈에 따라 신정정치, 곧 하느님의 왕권이라 부를 수 있는 가치에 호소한다(2역대 13,8; 요세푸스 플라비우스, *Contro Apione*, II, 16, 165 참조). 유다 왕국과 예루살렘의 우월성은 하느님의 선택에 의한 것이지, 백성의 선택 때문이 아니다. 예로보암의 반역은 잘못된 정치적·사회적 또는 경제적 동기에 근거했기 때문에 실격된 것이 아니다. 단죄의 동기는 신학적이다. 곧, 예로보암이 당신 백성에 대한 하느님의 계획을 따르려고 하지 않았기 때문이다. 달리 말해, 그것은 '죄'의 문제이다. 그다음에 이어지는 말을 살펴보면 곧, 솔로몬의 아들이며 유다 임금인 르하브암의 잘못을 설명하려고 할 때, 담화는 다른 길을 선택한다. 임금은 '아무것도 아닌 사람들'의 조언을 받아들였으며 겁이 너무 많아 그들에게 저항하지 못하였다. 이 경우에는 신학적 동기 대신 인간적 동기들에 호소한다. 역사를 이야기할 때 서로 다른 무게와 척도를 사용하는 것은 처음 있는 일도, 마지막으로 있는 일도 아니다.

우리의 주제로 돌아가자. 방금 인용한 담화들에서 투키디데스와 역대기 저자가 지닌 사고의 차이가 명백히 드러난다. 역대기 저자에게 이스라엘의 역사는 성전, 성전 예배와 그 인물들, 특히 레위인과 성가대의 역사로 제한된다. 다윗 임금과 솔로몬 임금의 유일한 임무는 성전 건축과 성전 예배의 조직인 것 같다. 역대기 저자가 성전 예배를 이스라엘 백성의 삶의 중심축으로 생각한 것은 이해할 수 있는 일이다. 그러므로 다른 성소들, 특히 북 왕국의 성소들을 반대하는 논쟁도 알아들을 수 있다. 이런 논쟁은 이 책의 독자들의 세계에서 사마리아인들을 반대하는 논쟁으로 흐를 가능성이 매우 높다. 똑같은 이유에서 왜 역대기 하권이 키루스의 칙령으로, 달리 말해 디아스포라의 모든 히브리인에게 '예루살렘으로 올라가도록'(2역대 36,23) 호소하는 것으로 끝나는지를 더 잘 이해하게 된다. 중요한 성경 전통 가운데 하나인 성도 예루살렘과 그 성전과 연결된 전통이 역대기에서 다른 전통들을 압도한 것이다.

2) 에즈라-느헤미야기, 그리고 성전과 회당

에즈라-느헤미야기와 역대기

에즈라-느헤미야기는 역대기를 계속 이어가는 책들이다. 왜냐하면

이 두 책이 역대기 하권을 마감하는 키루스의 칙령으로 시작하기 때문이다(2역대 36,23; 참조 에즈 1,1-4). 에즈라-느헤미야기는 유배자들의 귀환, 예루살렘과 성전 재건의 어려움, 그리고 유배 이후 공동체가 직면한 다양한 문제를 묘사한다. 분위기는 종종 험악하며 에즈라와 느헤미야가 제시한 몇몇 대책, 특히 혼종혼의 경우(에즈 10장; 느헤 13,23-29)와 이방인들에 대한(에즈 9장; 느헤 13장) 대책은 히브리 공동체의 생존과 통합을 지키려는 염원에서 출발한다.

만약 에즈라-느헤미야기의 몇몇 본문을 위에서 언급한 투키디데스의 《역사들》에서 페리클레스가 아테네인들에게 했던 담화의 한 단락과 비교하면, 다른 문화들과의 차이가 뚜렷이 나타난다(II,39). "전쟁을 수행하는 데 있어서도 우리는 다음과 같은 이유 때문에 원수들과 다르다. 우리는 우리 도시를 모든 이에게 공동의 것으로 제공한다. 우리는 때로 이방인들을 추방함으로써 어떤 사람으로 하여금 어떤 것을 배우거나 보는 것을 막는 일이 없다(만약 감추어지지 않았다면 어떤 것을 볼 수 있을 원수가 이익을 취할 수 있을 것이다)."[54] 아테네에서는 적국의 백성일지라도 전쟁 때에 추방하지 않는다. 사실 아테네는 첩보 행위를 겁내지 않을 만큼 매우 안전한 도시이다. 물론 이런 단언에는 페리클레스와 투키디데스 편에서 약간의 허세가 있다. 이와 비교하여 에즈라와 느헤미야의 정치는 대단히 다르다. 왜

---

54) 같은 책, 같은 페이지.

냐하면 예루살렘과 히브리 백성은 그들의 생존에 위협을 받고 있음을 느끼기 때문이다. 그들은 민족들에게 흡수되고 페르시아의 거대한 제국 안에서 사라질 위험에 처해 있었다. 이는 에즈라기와 느헤미야기에 만연한 불안감과 방금 언급한 위험들을 피하기 위하여 제시된 대책들을 설명해 준다. 오늘의 독자들은 도입된 해결책들이 대부분 두려움 속에서 나왔으며 자신들 속으로 움츠르드는 위험을 뚜렷이 보인다는 점에서 애석할 수 있다. 그러나 히브리 백성은 역사의 도전에 그렇게 응답하였고 결국 살아남았다.

에즈라-느헤미야기와 역대기 상·하권이 모두 한 저자 또는 동일한 집단에서 유래한다고 주장하는 전문가들이 있을 정도로, 에즈라-느헤미야기는 역대기와 매우 가깝다. 여기에서 이 문제를 다루기에는 문제가 너무 복잡하다. 그렇지만 이 책을 한 번만 읽어 보더라도 재미 있는 요소들이 많다. 우리가 에즈라-느헤미야기와 역대기가 예루살렘과 성전, 그리고 예배에 대해 동일한 관심을 두고 있음을 알 수 있다. 예를 들어 이것은 우리가 제1이사야, 곧 이사 1-39장에서 확인한 고대의 관심이다. 그러나 여기에는 중요한 차이가 있다. 역대기 상·하권에서 저자들은 다윗과 솔로몬에 의해 시작된 예배의 순수성에 충실하지 않았던 북 왕국 및 유다의 임금들에 반대하며 논쟁하였다. 에즈라-느헤미야기에서는 몇몇 이방인, 특히 사마리아인들을 적대할 뿐 아니라, 자주 "땅의 백성"(에즈 3,3; 9,1.2.11; 10,2.11; 느헤 10,29; 참조 느헤 9,30)이라고 불렸으며, 더욱 설득력 있는 해석에 따르면 유배 동안 본국에 남아 있던 유다의 주민들과도 논쟁을 벌이며 반응한다.

구분은 내적인 것이 되기도 한다. 달리 말해, '거룩한 씨'(에즈 9,2)를 오염시킬 수 있는 모든 요소는 분리할 필요가 있다는 것이다.

에즈라-느헤미야기와 '토라'(법과 가르침)의 책

에즈라-느헤미야기의 한 본문은 구약성경을 이해하는 데 특히 중요한데, 그것은 바로 초막절 축제 때 율법학자 에즈라와 느헤미야가 '토라'를 공적으로 읽는 느헤 8장이다. 이것을 유배 이후 유다이즘과 회당 전례가 탄생한 행위로 생각하는 사람이 많다. 백성의 삶에서 중심점은 예배라기보다는 '토라'이다. 라삐의 금언이 참으로 이와 연관된다. "만약 토라가 모세에게 계시되지 않았다면, 에즈라에게 계시되었을 것이다"(《바빌로니아 탈무드》, 산헤드린, 216b).

느헤 8장의 이야기는 요시야 치하 때 성전에서 "율법서"(토라)를 발견한 일을 서술하는 2열왕 22-23장의 연속선상에서 읽어야 한다. 실제로 율법서는 2열왕 22-23장의 주인공이다. 율법서는 유배 이전에 성전에서 발견되었으며, 다른 모든 인물과 존재하는 거의 모든 요소, 곧 임금과 왕정, 사제와 사제직, 성전과 예루살렘 성읍이 겪게 될 운명을 겪지 않을 것이다. 모든 것이 유배 동안 일그러짐을 겪을 것이지만, 율법서는 그렇지 않을 것이다. 이런 배경에서 인용해야 할 또 다른 핵심 본문은 탈출 24,3-8이다. 이 본문은 율법서의 기원에 대하여 알려 준다. 곧, 모세가 시나이산에서 주님인 야훼 면전에서 오랫동안 머문 뒤에 그리고 모든 백성에게 공적으로 읽어 준 뒤에 모세가 직접 쓴 것으로 소개한다. 그것은 책으로 기록되었으며, 이스라엘의 주님인 야훼가 백성과 함께 장엄한 계약을 체결하고, 백성 전체 앞에서 선포된 말씀에 기초를 두고 있다(탈출 24,8).

그러므로 독자에게는 모세가 쓴 책과 요시야 임금 통치 때 성전에서 발견한 책, 그리고 성읍을 재건한 뒤에 예루살렘에 소집된 백성에게 에즈라가 읽은 책 사이에 연속성이 존재한다. 율법서는 광야에서 기초를 세우는 시기와 유배 이전의 왕정과 예루살렘의 유배 이후 공동체를 연결한다. 그것은 여호 1,7-8에서 여호수아의 손에 들려 있는 책과 시편 1편에서 의인의 손에 들린 책과 동일한 책이다. 우리는 모든 본문에서 이스라엘의 정체성이 특권적 방식으로 '율법서'와 연결되어 있다는 것을 확증하려는 똑같은 의미를 깨닫는다.

이 밖에도, 우리는 '책의 사람들', 곧 처음으로 주님인 야훼의 말씀을 "책"에 기록한 모세(탈출 24,4), 요시야 임금 앞에서 책을 읽은 율법학자 사판(2열왕 22,10), 그리고 느헤 8,3에서 모든 백성 앞에서 책을 읽은 율법학자이며 사제인 에즈라 사이에 어떤 공통성이 있음을 볼 수 있다. 모세를 추종하는 다른 사람들, 곧 첫 번째 '율법학자'와 첫 번째 '율법박사'가 있을 것이다.

느헤 8장의 본문은 또 다른 이유에서도 매우 중요하다. 우리는 에즈라-느헤미야기 내부에서 어떤 이중성이 나타나는 것을 볼 수 있다. 하나는 모든 것이 유배에서 귀환하여 재건된 예루살렘 성전 주위에 정착한 공동체에 집중된다는 것이며, 다른 하나는 율법학자 에즈라가 가져온 율법의 '책'에 관심이 집중된다(에즈 7,6.10.14.21; 느헤 8,1)는 것이다. 이 이중성 때문에 신약성경 시기에 잘 알려진 단체인 사두가이파와 바리사이파 사이에 대립이 생길 것이다. 에즈라-느헤미야기가 쓰인 시기에 하나의 이중성, 어쩌면 하나의 긴장이 존재하지만, 분쟁은 전혀 없었다.

이 단계에서 자연스럽게 하나의 질문이 제기된다. 곧 '책'이 예루살렘과 성전보다 더 중요한가? 지금으로서는 이 질문에 대하여 어떤 대답도 명백하게 할 수 없다. 그 대답은 나중에, 훨씬 더 나중에 나오게 될 것이다. 좀 더 많이 알기 위해서는 성전이 사라지고 회당만 남아 있게 될 때인 기원후 70년까지 기다려야 할 것이다.

에즈라-느헤미야기와 역사

에즈라-느헤미야기의 문체를 살펴볼 때, 새로운 것이 도입된다. 곧, 주인공들은 말을 할 때 일인칭을 사용한다(에즈 7,27-9,15; 느헤 1-7장; 10장; 12,31; 13,6-31). 예를 들어 에제키엘이 항상 일인칭으로 말하는 것처럼, 성경의 예언자들은 일인칭으로 말할 수 있다. 그러나 이른바 '역사서들'에서는 일인칭으로 말하는 것이 흔하지 않다. 여호수아기에서 열왕기 하권에 이르기까지, 또는 역대기 상·하권에서 설화자 또는 '역사가' - 이 단어에 현대 세계에서 역사가가 지닌 의미를 부여해서는 안 된다 - 가 일인칭을 사용하는 경우는 어디에도 없다. 성경 문학에서는 처음 있는 일이다. 어떤 이들은 그리스의 영향이라고 생각하였다. 그러나 헤로도투스(기원전 약 484-425년)와 투키디데스(기원전 약 470/460-400/395년)는 자기 자신에 대해 삼인칭으로 말한다. 역사가들이 자기 자신을 일인칭으로 말하는 것을 보려면 폴리비우스(기원전 약 202-120년)와 플루타르크(기원후 약 46/49-125년)까지 기다려야 한다. 내 생각에는 또 다른 해결책도 가능할 것 같다. 에즈라와 느헤미야는 페르시아 임금에게서 공적 사명을 받은 인물이다(에즈 7,11; 느헤 2,7-8). 그들은 왕실의 단순한 연대기 작가나 서기관이 아니다. 그들은 권위를 지닌 중요한 인물로서 고대 근동의 군주들이나 위대한 관료들처럼 일인칭을 사용한다. 이런 이유 때문에 일인칭을 사용하는 관습은 그리스적이기보다 동양적인 것에 더 가깝다.

이 두 권의 책에 얽힌 매우 복잡한 연대기에 관하여 덧붙일 사항이 있다. 두 종류의 문제가 존재한다. 먼저, 에즈라-느헤미야기의 자료들을 페르시아 왕국의 자료들과 일치시키기가 어렵다. 에즈 4,4-24은 아르타크세르크세스 1세 임금(기원전 465-423년)이 성전 건설을 중지시켰다고 말한다. 성경 밖의 자료들에서 출발하여 재구성할 수 있는 페르시아 왕국의 연대기와 이 단언을 일치시키는 것은 불가능하다. 에즈 4,4-24은 성전을 재건하는 시기가 다리우스 1세의 통치 제6년, 곧 기원전 545년이라고 말하는 에즈 6,15과 상반된다. 에즈 4,24과 하까 1,15에 따르면 성전 재건은 다리우스 임금 제2년에 시작되었다. 아르타크세르크세스의 통치는 50년 또는 60년 뒤에 있게 된다. 여러 가지 다양한 해결책이 제안되었다. 아마도 본문은 두 가지 문제, 곧 성전의 재건과 예루살렘 도성에서 계속 시작된 다른 일들의 문제를 혼동하는 것 같다.

둘째, 에즈라와 느헤미야가 사명을 시작한 합리적 연대를 설정하기는 어렵다. 에즈라는 아르타크세르크세스 임금 제7년에 예루살렘에 도착하였지만(에즈 7,7), 느헤미야는 아르타크세르크세스 임금 제20년에 자기 사명을 시작한다(느헤 2,1). 에즈라와 느헤미야는 느헤 8-9장에서 장엄한 율법서 낭독 때 함께 있다. 느헤미야의 두 번째 사명은 아르타크세르크세스 통치 제32년에 시작된다(느헤 13,6). 그러므로 두 인물은 동시에 예루살렘에 있었다. 그렇지만 두 인물이 만난 적은 거의 없었던 것 같다. 그들은 느헤 8,9에서만 함께 언급된다. 그들은 동시에 백성에게 말하지만, 서로에게 말하는 적은 한 번도 없다. 이 밖에도, 느헤미야라는 이름은 칠십인역 그리스어 성경 사본에는 존재하지 않는다. 전문가들이 여러 가지 해결책을 제안하였지만, 지금까지 어떤 해결책도 완전히 만족스럽지 않았다.

끝으로, 에즈라기와 느헤미야기의 편찬 역사는 대단히 복잡하다고 말할 필요가 있다. 칠십인역 그리스어 번역본에는 그리스어 에즈라기 또는 에즈라 1서라고 불리는 에즈라의 책이 수록되어 있다. 똑같은 번역본에서 에즈라 2서는 한 권의 책으로 합쳐진 에즈라기와 느헤미야기의 그리스어 번역본에 해당한다. 이와 달리 라틴어 번역본에는 에즈라의 책이 네 권으로 수록되어 있다. 제1권은 성경에 나오는 에즈라기이며, 제2권은 성경에 나오는 느헤미야기이다. 그리고 제3권은 그리스어 에즈라기의 라틴어 번역본이며, 제4권은 훨씬 더 후대에 나온 묵시문학 책으로 성격이 완전히 다르다. 끝으로, 에즈라기와 느헤미야기의 대부분은 히브리어로 쓰였지만, 에즈라기의 몇몇 단락은 아람어로 쓰였다(에즈 4,9-6,18; 7,12-26: 주로 공적 문헌들이다).

결론적으로 말해, 에즈라기와 느헤미야기는 여러 면에서 문제가 있는 책이지만, 이스라엘 백성이 유배에서 귀환한 뒤의 시기와 예루살렘의 재건 시기 동안 생겨난 그 모든 난관을 어떻게 해결해 냈는지, 어떻게 해서 늘 이름을 감춘 채 종종 잔인하게 나타나는 역사에게 삼켜지지 않았는지 이해하려는 사람에게는 매우 중요한 필수적인 책이다.

3) 마카베오기와 이스라엘의 '저항' 영웅들

헬레니즘 세계에 직면한 히브리 세계

마카베오기 상권과 하권, 이 두 권의 책은 이스라엘 역사에서 매우 불안한 시기, 곧 셀레우코스의 헬레니즘 왕조에 반기를 든 반역의 시기(기원전 200-142년)를 다룬다. 이 책들은 그들의 군사력에 반기를 든 '저항'의 서사시이지만, 무엇보다도 헬레니즘의 영향을 거슬러 자신의 신앙과 자신의 문화를 옹호하기 위한 투쟁을 묘사하는 서사시이다. 몇 가지 점에서 중요한 차이가 있기는 하지만, 마카베오 형제들은 2천 년 전의 '게릴라 부대원들'이다. 어제의 당원들이 동맹군들에게 의존했던 것처럼, 그들은 로마 권력의 지원을 받았다.

마카베오기 상·하권은 개신교인들에게는 외경의 일부이며, 가톨릭교인들에게는 제2경전의 일부이다. 이 책들은 히브리 경전에 속하지 않는다. 왜냐하면 이 책들은 칠십인역 번역본에서 그리스어로만 전해지고 있기 때문이다. 이는 히브리인들과 개신교인들 모두 마카베오기 상·하권을 영감을 받은 경전 곧 성경에 포함하지 않는다는 것을 뜻한다. 가톨릭교인들의 경우 트리엔트 공의회에서 비로소 제2경전으로 인정하는 최종 결정을 내렸다. 마르틴 루터는 마카베오기 하권에 대해서는 대단히 유보적이었지만, 마카베오기 상권이 경전에 들지 못하게 된 것을 애석하게 생각하였다.

이 두 권의 책은 자기 나라를 점령한 이방인의 권력에 저항하는 일화들과 그와 유사한 일화들을 이야기한다. 이 유형의 영웅은 수없이 많다. 예를 들어, 스웨덴의 침략자들(1240년 네바의 전쟁. 여기에서 네프스키라는 이름이 유래한다)과 게르만족 튜톤 기사단(1242년 얼어붙은 호수 전투 또는 페이푸스 호수 위의 얼음 전투. 이 전투는 세르게이 에이젠슈타인의 영화로 불후의 명성을 얻었다)에 맞서 러시아의 저항을 이끈 알렉산드르 네프스키(1220-1263년)를 생각하게 된다. 브레이브 하트('용맹한 심장'), 곧 윌리엄 월리스(1272-1305년)는 스코틀랜드의 독립 전쟁 때 영국에 맞서 싸운 저항 영웅이다. 그에게는 월터 스콧의 《스코틀랜드 영웅 윌리엄 월리스의 공훈과 죽음》과 멜 깁슨의 영화가 헌정되었다. 프랑스에서는 잔 다르크(1412-1431년)가 백년 전쟁 때 영국인들과 싸웠다. 헝가리에는 이 유형의 영웅이 여럿 있다. 곧, 오스만 제국에 맞선 저항운동을 1552년에는 이스트반 도보가, 1556년에는 미클로스 즈리니가 이끌었다. 더욱 유명한 영웅은 헝가리의 용맹한 전사 페렌크 라코치 2세(1676-1735년)인데, 그는 합스부르크 왕가에 맞서 저항을 이끌었다. 페렌츠 리스트는 피아노곡인 〈헝가리 광시곡 15번 가단조〉 일명 "라코치 행진곡"을 그에게 헌정하였다. 우리에게 더욱 가까운 안드레아스 호퍼(1767-1810년)는 고향 티롤의 산악지역에서 나폴레옹과 그의 동맹인 바이에른 군대에 저항하여 싸웠다. 슬로바키아의 로비트 벨리스라브 슈투르(1815-1856년)는 특별한 유형의 영웅인데, 그는 슬로바키아어를 부호화하는 데에서 출발하여 조국의 민족 감정을 소생시켰다. 필리핀의 문필가이며 국가 영웅인 호세 리살(1861-1896년)은 스페인의 식민지였던 조국의 문화와 정치의식에 특히 영향을 끼쳤다. 동일한 전략을 인도에 끌어들인 마하트마 간디(1869-1948년)도 같은 견해로 비폭력을 선호하였다. 간디의 경력은 리차드 아텐보로의 영화(1982년)로 유명해졌다. 이 유형의 영웅들은 상당히 많다. 마카베오 형제들 역시 자신들의 문화, 종교, 언어 등 조국의 근본 가치들의 주창자라고 말하는 것으로 충분하다.

이 영웅들에게는 공통된 요소가 많다. 군대의 장수가 많으며 전장에서 죽었거나 배신당하고 체포되었으며 형벌을 받고 처형된 이도 여럿이다. 군사적 관점에서 볼 때 그들은 자주 열세했지만, 용기와 대담성, 또는 전략적 재능으로 극복했다. 야전보다는 게릴라전의 전략을 자주 선호하였다. 여하튼 모두가 국민의 영웅이 되었으며, 참된 의미의 역사와 전설적 요소들을 분리하기가 어려워졌다. 그들은 항복을 거부하는 백성의 정신을 구현한다.

마카베오기 상·하권은 히브리 백성의 생존 투쟁의 또 다른 단계를 묘사한다. 이번 위험은 이방인 군대들의 침공이나 혼종 결혼에서 오는 것이 아니라, 자기 제국의 다양한 구성원을 일치시키는 수단으로 문화를 이용하였던 헬레니즘 왕국들로부터 받아들인 정치에서 온다. 사실 이 제국들은 문화와 교육의 가치를 알고 있었다. 고대 세계에서 기원전 305년경 프톨레마이오스 왕조의 임금이 세운 알렉산드리아 도서관의 중요성을 기억하는 것으로 충분하다. 이보다 더욱 중요한 것은 제국의 다양한 분야에서 '경기장'의 형태로 그리스식 교육체계를 도입한 것이었다(1마카 1,14 참조).

그리스 문화의 충격은 강하였으며 히브리 백성은 특히 위협을 느꼈다. 고대 세계에서 종교와 문화와 정치는 긴밀하게 연관된 경우가 많다. 마카베오기 상권의 경우 항쟁은 그리스 신들의 예배를 예루살렘에 끌어들이려는 안티오코스 4세 에피파네스(기원전 175-164년)의 시도(1마카 1,41-64)에 맞서 시작되었다. 이와 달리 마카베오기 하권은 대사제 야손의 그리스 문화 도입 같은 문화적 문제를 매우 중시하며 더 강조한다(2마카 4,7-20). 그는 체육관을 세웠고(4,12), 사제들은 규정된 대로 희생 제물을 바치는 것보다 오히려 경기장에서의 활동을 더 좋아하게 되었다(4,14). 그리고 예배의 문제와 성전의 약탈(2마카 5,15-23; 참조 1마카 1,21-24), 예루살렘 성전에서 드리게 된 이교 예식(2마카 6,1-11; 참조 1마카 1,41-46)에 대해서도 언급한다.

역사적·문학적 문제들

역사적 관점에서 볼 때, 마카베오기 상·하권은 특히 동시대의 플라비우스 요세푸스가 그의 《유다 고대사》(XII-XIII권)에서 서술하는 것과 비교하여 여러 문제점을 드러낸다. 곧, 요세푸스는 마카베오기 상권을 설명하지만, 마카베오기 하권은 알지 못한다. 마카베오기 상·하권에는 연대와 시간의 일치라는 면에서, 그리고 성경 본문과 우리에게 있는 다른 원천들 사이에 많은 문제가 있다.

마카베오기 상권의 그리스어 본문은 시나이 사본에 들어 있다. 알렉산드리아 사본은 상·하권을 모두 포함하고 있다. 고대 라틴어 사본(Vetus latina: 예로니모 성인의 번역본 이전에 나온 사본)은 만족스러운 본문을 확정하는 데에 종종 활용된다.

마카베오기 상권은 마카베오 가문의 세 형제, 곧 유다, 요나탄, 그리고 시몬의 용맹을 이야기하는 비극 삼부작이다. 안티오코스 4세 에피파네스가 원했던 헬레니즘화에 항거하는 반역은 사제 마타티아스와 그의 아들들로 시작된다(1마카 1-2장). 처음에는 셋째 아들 유다가 전쟁을 이끌었다(1마카 3,1-9,22: 기원전 166-160년). 유다가 죽은 뒤에 그의 동생 요나탄이 지휘권을 받아 후계자가 되었다(9,23-12,45: 기원전 160-143년). 이어서 요나탄은 배신을 당해 처형된다. 그리하여 세 번째로 등장한 형제가 시몬인데(13,1-16,24: 기원전 143-134년), 그는 영주와 대사제가 된다. 그는 또한 훗날 하스몬 왕가의 창시자가 된다. 시몬은 장인 프톨레마이오스에게 살해당하지만, 그의 아들 요한 히르카노스는 성공적으로 권력을 장악하여 대사제의 직무까지 맡아 수행한다.

저자는 히브리인이었으며 조국에 살면서 아마도 더 이상 일상 대화에 사용되지 않는 학문상의 언어인 히브리어로 썼을 것이다. 원본은 분실되었다. 우리는 이전의 역사서들의 문체를 모방한 그의 글을 그리스어로 옮긴 번역본만 가지고 있다. 마카베오기 상권은 성전보다 율법(토라)의 중요성을 더욱 강조한다. 이와 달리 마카베오기 하권의 저자는 성전을 더욱 중요하게 생각한다. 마카베오기 상권에서 히브리 백성은 자신들의 법과 관습, 달리 말해 자신들의 율법에 따라 살고자 하는 권리를 방어하기 위하여 무기를 잡는다.

마카베오기 하권은 마카베오기 상권과 연속되는 책이 절대로 아니다. 하권은 동일한 시기를 다루지만, 안티오코스 에피파네스의 사건보다 훨씬 이전부터 보고서를 쓰기 시작하여 유다 마카베오가 죽기 전에 끝낸다. 하권은 동일한 기간에 진행된 사건이라도 상권에 비해 훨씬 더 길게 묘사한다. 이 밖에도, 하권은 기원전 160년경에 익명의 저자인 키레네의 야손이 쓴 다섯 권의 책을 한 권으로 요약한 작품으로 제시된다. 이 책은 2마카 1,1-9(1,9 참조)에 인용된 편지의 날짜인 기원전 124년에서 조금 뒤에 그리스어로 편찬되었다. 그의 관심의 중심은 예루살렘의 성전-율법보다 더욱-이며 이야기의 정점은 성전 정화이다(2마카 10,1-8).

마카베오기 하권은 성경 문학에서 독특한 이유 때문에 부각된다. 이 책은 저자에 의해 쓰인 머리말과 맺음말을 담고 있는 '역사' -마카베오기의 경우에도 '역사'라는 단어를 조심스럽게 사용해야 한다 - 로서 유일하다(2,19-32; 15,37-39). 그는 분명히 그리스의 위대한 역사가들, 예를 들어 헤로도토스와 투키디데스의 모범을 따른다. 그는 복수 일인칭을 사용한다. 유사한 전개를 다시 만나려면 신약성경을 기다려야 할 것이다. 특히 루카 복음서의 머리말(루카 1,1-4)과 사도행전(사도 1,1-5)에서 이를 만나게 될 것이다. 마카베오기 하권의 저자는, 그의 모범인 그리스 작품들처럼 언급된 사건들 안에서 기준선을 식별해 내고 자기 독자들을 위한 교훈을 끄집어내려고 한다(2마카 6,12-17). 그는 역사, 특히 자기 백성이 겪은 시련들이 지닌 교육적 가치를 분명하게 밝힌다.

이 책들의 해석 문제도 미묘하다. 예를 들어, 두 책이 히브리 백성을 호의적으로 보는 것은 분명하지만, 사건들의 이야기는 매우 충실하게 제시한다. 이 밖에도, 저자들에게는 연대가 우선권을 갖지 못하는 것 같다. 마카베오기 상·하권은 매우 정확한 전망에서 이루어진 사건들의 연대기, 이른바 실록(histoire événementielle)을 상당 부분 포함하고 있다. 그러므로 셀레우코스인들의 정책과 마카베오 형제들의 정책의 참된 동기가 무엇이었는지를 정확하게 이해하기는 쉽지 않다. 저항의 경제적, 사회적 밑바탕이 무엇이었는지를 이해할 수 있는 요소도 많지 않다. 마카베오 형제들의 목표 중에는 권력에 도달하려는 염원도 있었는지 알아맞힐 수 있을 것이다. 우리가 알고 있듯이, 이러한 목표에 일단 도달했을 때, 마카베오 형제들－얼마 후 하스몬 가문이 된－은 앞에서 그토록 싸웠던 그리스의 관습들을 수용하였다.

마카베오기 하권의 신학

마카베오기 하권은 특정한 측면에서 볼 때 신약성경의 신학과 매우 유사하고, 독특한 신학을 증언한다. 2마카 7,28에서 어떤 어머니가 자기 막내아들에게 하는 담화에서 처음으로 '무에서의 창조'(creatio ex nihilo)를 제시한다. 저 세상에서 있을 의인들의 부활에 대해서도 말한다(7,9.11.14.23.29). 죽은 이들을 위한 기도와 희생이 효력을 발휘하며 그들이 지은 과거의 잘못을 속죄할 수 있다는 생각도 언급되는데(12,41-45), 이 주제에 대해서는 개신교회와 가톨릭교회의 견해가 서로 다르다. 우리는 이 책에서 순교를 매우 긍정적으로 묘사한 내용도 본다(7장).

이 단락을 마치기 전에 마지막으로 독특한 점을 지적할 수 있다. 마카베오기 상·하권은 헬레니즘 시기에 히브리 공동체 안에서 여러 당파가 창설되었다는 정보를 전해 준다. 한 당파는 사제들의 '귀족' 당파인데, 사두가이들의 당파가 될 것이다. 그리고 더욱 민중적인 당파는 율법 준수에 가장 큰 중요성을 두는 바리사이들의 당파가 될 것이다(위의 "에즈라-느헤미야기와 율법서" 단락을 참조하라).

결론적으로 말해, 우리는 유배 이후 시기의 역사서들(역대기 상·하권, 에즈라-느헤미야기, 마카베오기 상·하권)이 성경 문학에서 뛰어난 문체로 쓰인 작품은 아니라고 분명히 말할 수 있다. 루이스 알론소 셰켈이 말하고자 했던 것처럼, 이 책들은 "영감을 받은 책들이지만, 그렇게 많이 영감을 받은 책들은 아니다." 그렇지만 이 책들은 이스라엘 역사에서 특히 어려운 시기에 대한 귀중한 증언이다. 우리는 특히 에즈라-느헤미야기와 마카베오기 상·하권에서 무엇보다도 종교 자료에서 이교 문화에 동화되지 않으려는 강력한 경향을 재발견한다. 1열왕 17-18장에서 예언자 엘리야의 반응이 이미 그랬다. 이는 호세아의 반응이기도 했고, 이어서 특히 이교 민족들과의 계약과 결혼을 금지하는 신명기의 반응이기도 했다(신명 7장). 우리가 이미 살펴본 것처럼 유배 이후 시기에 이 경향은 더욱 강화되었다. 이렇게 하여, 단지 이렇게 함으로써만 히브리 백성은 세상의 무대에서 사라지지 않는 데에 성공하였고, 서양 문화의 일부를 차지하는 몇몇 핵심 가치를 우리에게 전달해 주었다. 이를테면, 한 백성의 정체성은 자신의 전통에서 찾아야 하며 지배 권력의 문화에 무차별적으로 순응해서는 안 된다는 사실이다. 우리는 "네 저수 동굴에서 물을 마시고 네 샘에서 솟는 물을 마셔라"(잠언 5,15)는 말씀으로 이 책에 제시된 이스라엘 역사의 교훈을 요약할 수 있을 것이다.

5. 이스라엘 도서관의 '단편소설들'

우리는 방금 인용한 책들과 나란히 '단편소설들'(short stories)로 채워진 책장 전체를 보게 된다. 여기서 말하는 책은 룻기, 에스테르기, 토빗기, 그리고 유딧기이다. 요나 예언자의 책도 이 책장으로 옮겨 놓아야 할 것이다. 룻기와 에스테르기는 신데렐라 이야기의 보편 주제에 관한 두 개의 대안본이다. 모압 여자 룻은 부유하고 관대한 남편 보아즈를 얻는 가난한 이방인 과부이다. 그의 관대함 덕분에 그녀는 모든 장애물을 극복할 수 있게 된다. 사실 그녀는 역시 과부로서 아들이 없는 시어머니에게 사내아이를 낳아 주기 위하여 혼인한다. 모든 것의 법률적 배경은 명확히 밝혀내기가 어렵다.

에스테르는 평범한 히브리 소녀에서 페르시아의 왕비가 된다는 점에서 신데렐라 이야기에 훨씬 더 가깝다. 이는 또한 《천일야화》(*Racconti delle mille e una notte*)의 세계에 가깝기도 하다. 한번은 왕실에서 에스테르와 모르도카이가 히브리인들을 반대하는 페르시아 제국의 음모를 좌절시킨다. 이야기는 무방비한 작은 공동체를 위협할 수 있는 중대한 위험들로부터 벗어나기 위하여 온갖 수단을 다 강구해야 하는 해외 유다인들(디아스포라)의 정신의 전형이다.

에스테르기의 본문은 변동이 많은 역사로 유명하다. 하느님의 이름을 전혀 언급하지 않는 히브리어 본문이 존재한다. 그리스어 번역본은 히브리어 본문보다 훨씬 더 길다. 곧 마소라 본문(히브리어 본문)의 167절보다 93절이 더 길다. 그리스어 사본은 두 가지 형태로 전해진다. 하나는 안티오키아의 루치아노에까지 이르고, 다른 하나는 오리게네스에게까지 이른다.

그리스어 번역본은 히브리어 본문에 없는 종교적 의미를 부여하기 위하여 몇 가지 요소를 첨가한다. 주요한 첨가문들은 이야기의 시작 부분에 나오는 모르도카이의 꿈과 모르도카이의 기도와 에스테르의 기도이다. 이야기는 처음의 꿈을 종교적으로 해석하는 것으로 끝난다.

토빗기는 디아스포라에게 전형적인 또 다른 이야기다. 여기에서는 노년, 유산, 혼인, 먼 여행, 그리고 때로는 적대적 환경에서 자신의 신앙을 실천하기가 어려운 상황 등의 문제들을 다룬다. 토비야는 유산 문제로 먼 페르시아에 살고 있는 자기 아버지의 사촌에게 가야 한다. 그는 동반자를 만나 여러 기회에 도움을 받는다. 사촌에게 도착한 그는 매우 특별한 상황에서 사촌의 딸 사라와 결혼한다. 그는 맹인이 된 아버지를 치유해 줄 약, 곧 여행 초반에 우연히 발견한 물고기의 간을 가지고 집으로 돌아온다. 이야기의 끝부분에서 여행 동반자가 자기 정체를 밝히자 등장인물들은 모두 놀라움을 금치 못했

으나, 독자는 이미 처음부터 그의 정체를 알고 있었다. 곧, 여행 동반자는 라파엘 천사이다.

예컨대 토비야 곁에서 함께 집을 나서는 개의 존재처럼, 동일한 유형의 헬레니즘의 이야기들로부터 받은 영향 – 호메로스의 《오디세이아》부터 시작하여 – 으로 느껴지는 몇 가지 독특한 점이 있다(토비 6,1; 11,4).[55] 전체 여정 동안 청년 토비야를 수행한 라파엘 천사의 존재는 오디세우스가 방랑하는 과정 내내 그를 수행한 여신 아테나와 어느 정도 비슷하며, 이런 이야기가 지닌 또 다른 전형적 요소이다. 라파엘은 아마도 우리의 '수호천사'의 선조일 것이다.

유딧기 – 단순히 '유다'를 뜻하는 이름 – 는 적군의 장군 홀로페르네스를 유혹한 뒤 그의 목을 벰으로써 자신의 성읍 베툴리아를 구하는 데에 성공하는 어느 여성 정치 활동가(pasionaria)의 영웅담이다. 역사적으로 믿을 수 없는 점들로 넘쳐 나는 이 이야기는 자신을 방어하기 위해 더 이상 군사력을 자유로이 사용하지 못하도록 술책과 지력을 이용해야 하는 히브리 공동체의 조건을 무대에 올린다. 그렇게 하여 큰 위험을 모면하려는 것이다. 에스테르기에서처럼, 여기서 우리는 권력에 의해 전멸될 수 있다는 공포가 지배하는 이야기를 만난다.

요나서는 잘 알려져 있다. 아미타이의 아들 요나 예언자(2열왕

---

55) 예를 들어 우리는 《오디세이아》 17권에서 오디세우스가 이타카섬의 집으로 돌아올 때 가장 먼저 그를 알아본 것은 개 아르고였음을 기억하고 있다.

14,25 참조)는 성읍에 임박한 형벌을 알리도록 니네베로 파견된다. 그러나 예언자는 타르시스로 향하는 배를 타고 서쪽을 향하여 멀리 달아난다. 하느님은 폭풍을 보내고, 뱃사람들은 폭풍의 원인이 바로 요나에게 있음을 알아낸다. 그러자 요나는 자신을 바다에 내던지라고 말한다. 불행하게도 큰 물고기가 그를 삼켰다가 문자 그대로 그를 육지에 뱉어 내었다. 요나는 니네베로 가서 성읍의 종말을 알린다. 결국 니네베는 회개하고, 하느님은 성읍을 파멸시키지 않는다. 예기치 않은 결말은 독자와 특히 요나를 놀라게 한다. 화가 난 요나는 죽고 싶어 한다. 하느님은 요나에게 당신의 계획을 깨우쳐 주기 위하여 밤에 자랐다가 다음 날에는 죽는 아주까리 하나를 이용한다(요나 4,6-11) 요나가 아주까리를 동정하자 하느님이 요나에게 묻는다. "너는 네가 수고하지도 않고 키우지도 않았으며, 하룻밤 사이에 자랐다가 하룻밤 사이에 죽어 버린 이 아주까리를 그토록 동정하는구나! 그런데 하물며 십이만 명이나 있고, 또 수많은 짐승이 있는 이 커다란 성읍 니네베를 내가 어찌 동정하지 않을 수 있겠느냐?"(4,10-11) 질문에는 답변이 없다. 연필을 잡고 이야기의 결론을 쓰는 것은 독자의 몫이다. 룻기와 요나서 사이에는 유사점이 여럿 있다. 왜냐하면 이 두 책은 모두 유배 이후 공동체에 널리 퍼져 있던 이방인에 대한 상반된 태도를 문제시하기 때문이다. 의견을 바꾸고 '회개해야 할' 사람은 예언자-또는 독자-가 아닐까?

　이 문학작품들이 어떤 역사적 가치를 가지고 있을 것이라는 생각은 아예 하지 말아야 한다. 단지 설화의 틀만이, 이를테면 군주들과 성읍들의 이름만이 몇몇 실제적 요소를 포함할 수 있을 뿐 나머지는 허구이다. 이미 1690년에 프랑스의 위대한 역사가이며 베네딕도회 수사인 베르나르 디 몽포콩(1655-1741년)은 유딧기 이야기의 역사성을 증명하려고 시도하였으나 허사였다. 이야기에는 모순이 많다. 그 가운데 두 가지만 언급하면, 네부카드네자르는 바빌로니아의 임금이었지 니네베 곧 아시리아의 임금이 아니었다. 대장군 홀로페르네스와 내시 바고아스는 페르시아인의 이름이지 바빌로니아인의 이름이 아니다.

요나서 역시 앞부분에서 예언자를 사흘 동안 큰 물고기 배 속에 머물게 함으로써, 이 책이 더는 실제 역사적 이야기가 아님을 충분히 드러낸다. 당시의 문헌에서 에스테르와 모르도카이의 이름, 또는 하만이 페르시아 제국의 모든 히브리인을 몰살하려는 시도, 또는 하만과 그의 지지자들의 교수형 흔적 등을 찾아내려는 것은 무의미하다. 끝으로, 토빗기의 이야기는 그 시기와 인물들과 장소에 관한 상세한 사항이 매우 많기 때문에 역사적 이야기라는 환상을 불러일으킨다. 그러나 부정확한 점들이 있다. 예를 들어, 납탈리 지파를 포로로 끌고 간 사람은 살만에세르 5세 임금(기원전 726-722년)이 아니라(토빗 1,2), 티글랏 필에세르 3세(기원전 747-727년)였다. 살만에세르 5세 임금의 후계자는 사르곤 2세(기원전 722-705년)였지, 토빗 1,15에서 주장하는 것처럼 산헤립 임금(기원전 705-681년)이 아니었다. 대천사 라파엘과 경이로운 요소들은 "이야기 자체가 의미인"(한스 프라이)

세계로 우리를 데려가는 것이지, 이야기 뒷편에 숨어 있을 수 있는 일련의 가능한 사건들로 우리를 인도하는 게 아니다.

끝으로 우리가 룻기와 요나서에서 느끼는 분위기는 에스테르기와 유딧기에서 주를 이루는 분위기와 매우 다르다는 것을 지적하고자 한다. 처음 두 권의 책은 이방인들에게 매우 개방되어 있으며 비非히브리 세계에 긍정적 시선을 던진다. 마지막 두 권의 책은 무엇보다도 적대적이며 위협적인 이방인들에 대해 말한다. 이스라엘 국립도서관은 두 의견을 반영하는 작품들을 모두 보존하였으며 하나를 다른 의견을 가진 책 옆에 놓았다.

6. 초현실적 책인 다니엘서

우리는 책장에 다소 우울하게 홀로 놓여 있는 다니엘서를 만난다. 사실 다니엘서는 이스라엘 국립도서관에 있는 유일하게 참된 묵시문학 본문이다. 다니엘서는 살바도르 달리(스페인 초현실주의 화가)가 그리는 초현실 세계로 이끈다. 이 책은 시리아의 셀레우코스 왕국의 통치 기간(기원전 200-142년) 중 박해를 받던 기원전 160년경에 쓰였다. 다니엘서의 이야기들과 환시들은 셀레우코스 왕국으로부터 박해를 받는 히브리 세계를 짓누르던 고뇌에 대한 하나의 해결책을 제시한다. 잠시 지나가는 이 세상에서 탈출구가 보이지 않기에 초자연적 세계에서, 신의 계시 안에서 희망과 해결책을 찾으려 한다. '묵시록'이라는 용어는 바로 '계시'를 뜻한다.

다니엘서는 이스라엘 국립도서관에서 자리를 차지한 묵시문학계의 유일한 책이다. 이는 아마도 다니엘서가 적대적 환경에서 히브리 신앙과 자비를 어떻게 살아 있게 하는가를 증명해 주기 때문일 것이다. 기원후 66-70년과 135년 유다인들의 항쟁이 있은 뒤에 다른 책들은 정경에서 배제될 것이다. 라삐들은 무장 항쟁을 부추길 수 있는 혁명적 작품들을 제거하기로 결정하였다. 똑같은 동기에서 다니엘서는 히브리 성경에서 '성문서들' 사이로 좌천되었으나, 그리스도교 성경에서는 이사야서, 예레미야서, 그리고 에제키엘서와 나란히 대예언서 네 권에 속한다. 이 밖에도, 모두 그리스도교에서 기원한 칠십인역의 여러 수사본에서 열두 소예언서는 대예언서 네 권의 앞에 배치되어 있다. 이로써 다니엘서는 신약성경에 개방된 하나의 창문인 것처럼 구약성경의 마지막 책으로 놓이게 되었다. 어떤 이유에서 이렇게 되었는지 살펴보도록 하자.

묵시문학은 절망적 상황에서 생겨난 독특한 문학 유형이다. 역대기에서처럼 이상화된 과거에서, 또는 예를 들어 시편 1편에서 이상적으로 명확히 나타나는 것처럼 토라 연구에 몰두하는 현재에서 은닉처를 찾기가 더는 불가능하다. 어느 정도 인접한 미래에서, 그리고 저편에서, 곧 전능한 하느님에게서 오는 개입으로부터 희망의 동기들을 찾으려 한다. 냉혹하고 비인간적인 역사의 의미를 깨닫게 해 주는, 하늘에서 유래하는 표징들의 뜻을 해독하려고 한다. 미래에는 사건들의 흐름이 바뀔 것이며, 억압자들은 그들의 행위에 걸맞는 대가를 치를 것이고, 억압받는 이들은 더 나은 때를 맞게 될 것을 희망한다.

다니엘의 환시는 다른 모든 환시 사이에서 두드러지며 지금까지 한 번도 존재하지 않았던 행운을 맞게 될 것이다. 내가 말하고자 하는 것은, 신약성경에서 여러 차례 인용된 '사람의 아들'의 환시이다(다니 7,13). 이는 명백히 다니엘서가 칠십인역 수사본들에서 신약성경 바로 앞에 놓이게 된 주요 동기들 가운데 하나이다. 그러나 본래의 의미에서 볼 때, 이 본문은 기다리는 메시아에 대해 말하지 않고, '성도들의 공동체'(7,18 참조), 하느님에게 충실히 머물러 있으며 영원한 왕권을 보상으로 받게 될 이스라엘에 대하여 말한다.

다니엘서의 독특함은 한 가지에 그치지 않는다. 히브리어 본문 열두 장에서 일부는 히브리어로(1,1-2,4ㄱ; 8,1-12,13), 일부는 아람어로(2,4ㄴ-7,8) 쓰였다. 아람어로 쓰인 부분이 더 고대의 본문이며 히브리어 본문으로 완성되었을 수 있다. 헬레니즘과 싸우면서 히브리인들은 자신들의 문화, 특히 선조들의 언어를 최대한 보호하려고 하였다.

히브리어 마소라 본문의 다니엘서는 두 부분으로 구분된다. 첫째 부분(1-6장)에서 영웅은 다니엘 혼자(2, 4, 6장)이거나 그의 세 동료(다니 3장), 또는 다시 다니엘과 그의 세 동료(1장)이다. 둘째 부분(다니 7-12장)에서는 다니엘 혼자 환시를 본다.

우리가 그리스어를 쓰는 히브리 세계에서 받은 다니엘서 본문은 두 가지 형태, 곧 칠십인역의 형태와 테오도시오의 작품으로 알려진 형태로 존재한다. 두 형태는 모두 히브리어 본문에 몇 가지 단락, 곧 3장의 아자르야의 기도와 세 젊은이의 노래, 책의 마지막 부분에 나오는 수산나와 세 노인 이야기, 그리고 벨과 뱀의 삽화를 첨가한 모습이다.

7. 아가와 이스라엘의 연애시

아가는 이스라엘 국립도서관에서 또 다른 보편적 문학 유형인 연애시에 배정된 책장 위에 자리한다. 아가를 해석하기 위해서는 프란체스코 페트라르카(1304-1374년)의 서정시 〈칸초니에레〉, 특히 여인 라우라의 아름다움을 찬양하기 위하여 쓴 구절들을 다시 읽는 게 유익할 것이다. 또는 베아트리체에 대한 단테(1265-1321년)의 사랑을 매우 다양한 방식으로 표현하고 있는 《운율》, 《새로운 삶》, 《신곡》을 다시 읽는 게 좋을 것이다. 중세의 연애시에는 인간적 측면과 신비적 고귀함이 자주 하나가 된다.

    이 시들의 해석은 저자에 따라 상당히 다르다. 당신 백성에 대한 하느님의 사랑을 한층 영적으로 해석하는가 하면, 성적인 사랑을 노래하는 시로 해석하는 방법에 이르기까지 차이가 크다. 적어도 서로 다른 네 가지 해석 노선을 구분할 수 있을 것이다.

    첫 번째 우의적 해석은, 역사적이거나 신비적일 수 있다. 역사적인 해석일 경우, 신부에 대한 신랑의 사랑은 기원전 8세기 말 히즈키야 통치 때 북쪽 지파를 남쪽 지파와 화해시키려는 의지의 상징일 것이다. 신비적 해석일 경우, 사랑은 이스라엘 역사의 다양한 순간에 드러난 당신 백성을 위한 하느님의 사랑이다. 그리스도교 해석에서는 자주 교회에 대한 하느님(또는 그리스도)의 사랑(에페 5,25 참조)에 대해 말하거나, 개별 영혼에 대한 하느님의 사랑에 대해 말한다. 이 마지막의 아가 읽기 방식은 클레르보 베르나르도에 의해 서양에 도입되었으며, 유럽 문화의 역사에서 중요한 발전 단계, 달리 말해 더욱 인격적이며 개인적인 의식의 탄생을 표시한다.

두 번째 그룹의 학자들은 예배적 또는 신화적 해석을 선호한다. 이는 우의적 해석의 특별한 한 형태이다. 우리는 아가에서 고대 근동에 잘 알려져 있는 풍요의 신화를 암시하는 시 형식 가운데 하나를 볼 수 있다. 식물의 신은 건조한 계절의 도래와 더불어 죽고, 사랑과 전쟁의 여신은 식물의 신을 찾으러 지옥으로 내려간다. 정월 초하루 축제 때 임금과 수석 여사제의 신성한 일치(ierogamia)로 경축되는 그들의 결합은 땅에서 되찾은 다산성과 가축 다산성의 기원이다. 신화는 특히 우가리트(바알과 모트, 곧 죽음의 신화), 메소포타미아(탐무즈-아도니스와 이슈타르의 신화), 그리고 그리스(포세이돈과 페르세포네)에서 알려져 있다. 예언자들은 다산성의 의식에 대항하여 싸웠다(이사 17,10; 예레 7,18; 44,17-19; 에제 8,14; 즈카 10,1-2; 그리고 아마도 호세 2,4). 그러나 예언자들의 논쟁은 이 신화가 지닌 대중성을 증명한다.

세 번째, 어떤 학자들은 극적 해석을 제안한다. 시는 정직한 사랑을 다루고 있으며, 중심 문제는 충절이다. 아마도 주인공은 세 사람이라고 덧붙이게 된다. 곧 솔로몬 임금은 자기 애인에게서 사랑받는 여인을 훔치려고 하지만 성공하지 못한다. 그러므로 우리는 고대 극장에서 상연되는 작품 세계에 있는 것이다.

네 번째 해석은 오늘날 다양한 신앙을 고백하는 주석학자들 사이에서 더욱 공통적인 해석이다. 그들은 시의 자연적이며 문자적 해석을 선호하며, 고대 이집트의 노래 또는 같은 유형인 아랍인들의 몇몇 노래와 유사한 사랑의 노래로 해석하고자 한다. 아가는 세속의 시이지 종교 시가 아니며, 있는 그대로의 사랑을 노래한다는 것이다. 사실 아가는 사랑에 대해 분명히 말하지만, 성경에 대단히 많이 나오는 주제인 혼인이나 후손에 대해서는 전혀 말하지 않는다. 일부 단락에서 보이는 선정적인 음조는 항상 문제를 야기하였다. 기원후 1세기에 산 라삐 아키바는 축제 때 아가의 노래를 사용하는 것을 격렬하게 반대하였다. 아가는 잠언, 코헬렛, 에스테르기와 더불어 라삐들이 영감을 받은 사실과 경전성에 대하여 오랫동안 토론한 책들 가운데 하나이다.

해석의 문제를 해결하기는 어렵다. 그러나 나는 시들의 다양한 측면을 분리하기가 어렵다고 생각한다. 사랑은 하나이다. 사랑은 참이거나 거짓이다. 일정한 수준의 깊이에 일단 도달하고 나면 그 구분과 예민함이 사라진다. 신랑과 신부 사이에, 사랑받는 사람과 그의 연인 사이에 사랑을 노래하는 것은 하느님의 신비 자체에 그 뿌리를 내리고 있는 힘을 노래한다는 것을 뜻한다. 하느님의 사랑과 인간의 사랑의 구분은 그와 같은 수준에서는 더 이상 큰 의미가 없으며, 이것이 바로 아가가 지닌 합법적 아름다움의 이유이다.

해석의 문제를 지적하면서, 우리는 본문의 편찬이 매우 모호하다고 말할 필요가 있다. 아가에는 합창대 또는 익명의 다른 인물들(어머니, 양치기들, 몇몇 처녀 등)이 출현하지만, 많은 사람이 신랑과 신부의 대화로 본다. 그러나 구분은 명확하지 않다. 이 점에 대한 제안도 많다. 너무 협소한 추상적 도식에 가두려고 하는 모든 시도를 빠져나가는 것이 바로 시의 참된 매력이다. 시는 자유롭게 태어나서 자유롭게 머문다.

마치며

지금까지 우리는 이스라엘 국립도서관을 뛰어다니면서 먼지를 닦아내고 많은 책을 읽고 분류하였다. 차원과 문학 유형과 내용에서 매우 상이한 책들이다. 우리는 도서관의 다양한 구역을 자세히 살피고 수많은 책장을 발견하였다. 또 그 배열과 조직에 친숙해졌다. 그리고 이스라엘의 도서관 사서들이 가장 선호한 구역들이 어떤 곳인지 알아들었으며, 특히 총괄 기획에 더 잘 통합시키기 위하여 오래된 문헌들의 이곳저곳에 덧붙인 일련의 상표들과 표식들을 식별하였다. 특별히 세 가지 측면을 기억해야 한다. 첫째, 도서관은 이스라엘 백성의 정체성을 단련하고 그들의 운명에 강력한 관심을 환기시키며 그들의 미래에 대한 위대한 희망을 키운다. 둘째, 도서관은 예루살렘의 도성과 성전에 중심 역할을 맡긴다. 셋째, 아마도 마지막 표식일 텐데, 토라(율법)를 도서관 전체의 중심으로 삼는다. 독자는 자주 적대적이고, 심지어 잔인하며, 모든 일이 잘 되어 갈 때에는 그저 무관심한 세상의 소음에서 멀리 떨어져서, 열심히 토라를 공부하기 위하여 라삐 학교(*yeshivà*) 같은 곳에 들어가도록 초대를 받았다.

　이제 우리가 해야 할 일은 한 가지만 남았다. 그것은 곧 한 권의 책을 선택해서 그 책을 펴고 그것의 향내음과 그것의 얼굴과 그것의 윤곽과 친밀해지고 나서 우정을 나누는 일이다. 모든 책은 하나의 세계이며 모험을 나서라는 초대이다. 이는 성경의 책들에도 그대로 적용된다.

Jean-Louis Ska
L'ANTICO TESTAMENTO
© EDIZIONI SAN PAOLO s.r.l., 2011

Korean translation edition © 2019 Living with Scripture Publishers, Seoul, Korea.

The Korean edition trans. by Prof. Johan Y.S.PAHK, is published by arrangement with EDIZIONI SAN PAOLO s.r.l.

구약성서 입문

조금 알거나 거의 알지 못하는
사람을 위하여

서울대교구 인가   2017년 12월 27일
초판 1쇄 펴낸날   2019년 1월 31일
3쇄 펴낸날   2021년 11월 20일

지은이   장 루이 스카
옮긴이   박요한 영식
펴낸이   백인실
펴낸곳   성서와함께
        06910 서울특별시 동작구 흑석로 13길 7
        Tel 02-822-0125~7 Fax 02-822-0128
        http://www.withbible.com
        e-mail: order@withbible.com

등록번호 14-44(1987년 11월 25일)

ⓒ 성서와함께 2019
성경 ⓒ 한국천주교중앙협의회

ISBN 978-89-7635-337-5 93230

＊이 책에 실린 내용은 펴낸이의 허가 없이 전재 및 복제할 수 없습니다.